CHICA GAY, DIOS BUENO

JACKIE HILL PERRY

CHICA GAY, DIOS BUENO

La historia de lo que fui y de lo que Dios siempre ha sido

B&H
ESPAÑOL
NASHVILLE, TENNESSEE

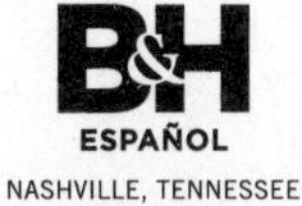

Chica gay, Dios bueno: La historia de lo que fui y de lo que Dios siempre ha sido

B&H Publishing Group
Brentwood, TN 37027

Clasificación Decimal Dewey: 248.843
Clasifíquese: VIDA CRISTIANA

Publicado originalmente por B&H Publishing Group con el título Gay Girl, Good God: The Story of Who I Was and Who God Has Always Been © 2018 por Jackie Hill Perry.

ISBN: 978-1-5359-6252-0

Impreso en EE. UU.
2 3 4 5 6 7 * 27 26 25 24 23

Dedicado a…

Dios

Preston

Eden

Mamá

Santoria

Brian

Melody

Contenido

Reconocimientos

GRACIAS, PRESTON, por tu apoyo. Gracias, Nancy, por alentarme. Gracias, Robert, Austin, Devin y B&H, por guiarme. Gracias, amigos (ya saben quiénes son), por orar por mí.

Prólogo

JACKIE HILL PERRY y yo no podríamos tener trasfondos más dispares.

Ella es una milenial; yo soy de la generación de los *baby boomers*. Ella es afroamericana; yo soy blanca. A ella la crio una madre soltera y la desatendió un padre ausente que no tenía idea de cómo amarla. A mí me criaron una mamá y un papá atentos y felizmente casados, que se adoraban mutuamente y amaban a sus hijos. Jackie tiene 16 años menos que su único hermano, mientras que yo tengo seis hermanos y hermanas menores.

Jackie es una artista de *hip-hop*. Yo tengo un título en piano, cero sentido del ritmo y suele gustarme la música escrita antes de 1910. Ella es una poetisa que usa palabras (con una destreza impresionante) para pintar imágenes sobre el lienzo del corazón, provocadoras y evocativas a la vez. Mi estilo de oratoria y escritura se inclina a los puntos secuenciales, con un orden prolijo y detallado.

Jackie tuvo su primera experiencia homosexual cuando estaba en la escuela secundaria. Yo no recuerdo haber escuchado la palabra *homosexual* ni conocer a nadie que se identificara como tal hasta tiempo después de haber terminado la escuela secundaria. Ella no conoció a Jesús hasta su juventud temprana; mi primer recuerdo consciente es confiar en Cristo como Salvador a los cuatro años de edad.

Mi asociación con Jackie me ha brindado, entre otras cosas, un vocabulario expandido. Recuerdo, por ejemplo, el día en que estábamos enviándonos mensajes sobre un ministerio en el que ella servía en ese momento. Me informó que se trataba de un ministerio que «volaba alto». A lo cual respondí: «¿Cómo que vuela alto?». Me explicó que se refería a que era un ministerio maravilloso o genial. Aprendí una expresión nueva y le dije: «¡Menos mal que esa es la manera que eligen para volar!». Las dos nos reímos.

Sí, la nuestra ha sido una amistad improbable. Sin embargo, aunque somos distintas en muchos aspectos, nuestras vidas y nuestros corazones se han entrelazado mediante nuestra necesidad común de un Salvador y de la gracia abundante que ambas recibimos de Cristo. Más allá de eso, compartimos un amor por la Palabra de Dios, y las dos valoramos y nos aferramos a la doctrina sólida, no solo como algo verdadero y necesario, sino también hermoso y bueno. Todo esto, combinado con haber observado su profundidad de discernimiento y sabiduría, y las maneras en que Dios ha usado su voz audaz y clara, me ha llevado a admirar y alentar a Jackie (y a su esposo Preston).

Gracias a la providencia divina, dos de mis libros, *Mentiras que las mujeres creen y la verdad que las hace libres* y *En busca de Dios* (escrito junto con Tim Grissom), jugaron un papel significativo en el discipulado de Jackie como creyente joven. En el último tiempo, sus escritos, sus disertaciones y su actividad en los medios sociales han formado parte de mi propio discipulado, y han profundizado mi amor por Cristo y mi apreciación por la diferencia que el evangelio marca en cada parte y partícula de nuestras vidas. Así que me sentí honrada cuando Jackie me preguntó si quería escribir un prólogo para su primer libro.

Cuando leí su manuscrito, me encontré interrumpiendo constantemente a mi dulce esposo, que estaba sentado junto a mí trabajando en su computadora portátil, para compartirle oraciones y párrafos que me dejaban embelesada. «Ella ve lo que otros no ven», comentó Robert. Tiene razón. Además, describe esas cosas de una manera que la mayoría no podría.

Debo admitir que, cuando escuché por primera vez el título propuesto para el libro, tuve cierta reticencia. *¡Una chica gay* —luchaba mentalmente—, *pero si eso ya no la define!* Lo cual terminé entendiendo, a medida que me fui adentrando en el manuscrito, es precisamente el punto. Jackie es sincera y cruda en su descripción de «lo que era», y eso proporciona el telón de fondo perfecto para destacar y celebrar «lo que Dios siempre ha sido». Su comprensión y expresión de ambas cosas —su condición caída y rota, y el amor y la gracia redentores del

Señor— están firmemente arraigadas en la verdad, según Él la ha revelado en Su Palabra.

Este no es un libro para leer superficialmente ni en forma apurada, sino uno para saborear y en el cual meditar, a medida que Jackie mira a través de la lente de la Escritura y de su propia travesía para desentrañar realidades como la falta de un padre, el abuso, la atracción por personas del mismo sexo, la identidad, la tentación, la batalla contra la lujuria con el evangelio y los conceptos erróneos sobre la femineidad. En todo momento, Jackie señala a un Salvador que ama a los pecadores y a un evangelio que salva, transforma y sostiene a aquellos que se han acercado a Él en arrepentimiento y fe… sin importar cuán similar o distinta sea su historia de la de ella.

Como concluye Jackie:

> «Vale la pena contar lo que Dios ha hecho en mi alma porque Él es digno de que lo conozcan. Digno de que lo vean. Digno de que lo escuchen. Digno de amar, confiar y exaltar. […] Hablarte de lo que Dios ha hecho en mi alma es invitarte a mi adoración».

Así que acércate y ve, escucha, ama, confía y exalta. Ven y adora.

Nancy DeMoss Wolgemuth

Septiembre de 2018

Introducción

ESCRIBÍ ESTE LIBRO por amor… una palabra común que se usa tan fuera de contexto hoy en día. Esta obra no es un error de comunicación de mis intenciones; es un producto directo de la misma.

Antes de escribir, viví las palabras. ¿Solía ser una chica gay? Sí. ¿Ahora? Soy aquello que la bondad de Dios le hace a un alma una vez que la gracia la alcanza.

Con esta afirmación, sé que ya ofendí a varios. No supongo que todos los que tomen este libro estarán de acuerdo con cada cosa que afirmen sus páginas. Hay muchos que, mientras lean, no entenderán la homosexualidad como algo que puede estar en tiempo pasado. O constituye lo que eres, o es algo que nunca fuiste. No estoy de acuerdo con esto. La única constante en este mundo es Dios. La homosexualidad, por otro lado, puede ser una identidad inamovible solo cuando el corazón no está dispuesto a doblegarse. Esto es mucho más complejo de lo que permite mi humilde introducción. Tan solo quiero alentar a seguir leyendo a los que dudan de dar vuelta la página debido a mi perspectiva particular sobre la verdad. Admito que mucho más de lo que tengo para decir sobre la homosexualidad y Dios será un poco contracultural, pero anhelo que también sea interesante al punto de llevarte a la consideración desde una perspectiva global.

Hay otros que solo conocen el amor heterosexual, lo cual hace que este libro ofrezca la oportunidad de estudiar lo desconocido. Estos son los cristianos (los cristianos que «siempre han sido heterosexuales») a los cuales también está dirigido este libro. No siempre me ha gustado su manera de amar a la comunidad gay. Entre el odio pintado en pancartas y el silencio interpersonal, mi amor por la iglesia me llevó a intentar escribir algo equilibrado… algo que pueda transformar el amor en el cual están llamados a caminar en la prueba tangible de cómo es Dios.

Sin embargo, no hay que confundir este libro con la Escritura. Dios mediante, será provechoso para la iglesia, pero estas palabras no deben considerarse lo más importante para la iglesia. Para eso está la Palabra de Dios. Esto no es un apéndice a la Escritura; sencillamente, es el relato de una historia impactada por la Palabra, con la instrucción práctica obtenida al aplicarla a la vida. Mi amor por la comunidad LGBT me lleva a anhelar desesperadamente que conozca a Dios. Mi amor por la iglesia me lleva a anhelar desesperadamente que le muestre al mundo a Dios tal como es, y no como preferiríamos que fuera… este libro es mi intento de alcanzar este fin. Salir del estilo de vida gay y entrar en un mundo nuevo de amar a Dios a *Su* manera es una vida salvaje... salvaje con tanta eficacia que hará retroceder a un nuevo santo o lo transformará en alguien mejor. Si describiera la experiencia con algún otro adjetivo, la llamaría «dura». Una dureza similar a la de una montaña tan azotada por el cielo como para escalarla. Pero incluso estas montañas se pueden mover.

Para esos santos, mi amor es un resumen de mi vida, mis fracasos, mis victorias y todo lo que he llegado a conocer sobre Dios, editado y expresado en forma de texto, para que lo lean. A medida que lo hagan, tal vez los inunde una sensación de «Ella entiende». Pero sería aún mejor que los inundara un «Dios es bueno», seguido de un «¡Todo el tiempo!» desde lo más profundo de su ser. Estas expresiones demuestran cuán a menudo Dios salva. Demuestran que hay más chicas y chicos gays a quienes un Dios bueno ha restaurado a nuevo. Para ellos, estas palabras embisten de lleno, para que sepan que no están solos.

Al escribir este libro, lo hice tal cual soy. Es decir, soy tan sincera como suelo ser. Nunca fui buena para fingir. Cuando, como nueva cristiana, presencié la manera típica en la cual algunos cristianos hablan de sus vidas, usando los términos más hermosos, rehusé ceder a la miseria conveniente de ser ambigua con la verdad. Si la verdad nos hace libres, entonces

¿por qué no caminar en ella todo el tiempo? Con sabiduría y amor, por supuesto, pero también con la realidad de que la libertad comienza en la verdad.

Por último, en este libro que tienes en tus manos, cada frase es un intento de ostentar a Dios. Si dejara este lugar lleno de palabras con una comprensión cabal de mí misma y una revelación superficial de Dios, todos mis esfuerzos serían en vano. Este libro contiene mucho sobre mí, pero mucho más sobre Dios. Él es lo que el alma necesita para descansar, y lo que la mente precisa para tener paz. Él es el Dios Creador, el Rey de gloria, Aquel que, en amor, envió a Cristo a pagar el castigo por el pecado y a transformarse en el pecado con el cual todos nacemos. Las palabras de este Cordero de Dios resucitado, y acerca de Él, son las que espero que salten de las páginas y aniden en tu corazón. Este libro es una mano elevada, una alabanza gozosa, un himno necesario, un aleluya que se alcanza a oír y no se acalla. Esta obra es mi adoración a Dios, la cual, con oración, espero que te deje exclamando: «¡Dios es *tan* bueno!».

Jackie Hill Perry

PARTE 1

Lo que yo era

CAPÍTULO 1

2006

«**JACKIE, ¿QUIERES SER** mi novia?», me preguntó mientras entrecerraba los ojos, sabiendo que su pregunta podía ser ofensiva.

No era la primera vez que la veía. En la escuela, era una de las pocas que no escondía su lesbianismo por los pasillos, los salones de clase ni en ningún otro lugar donde se conversara. Si conocías un poco su familia, sabías que heredaba sus caderas de la mamá. Llevaba su identidad con una sonrisa, una sonrisa que se asentaba por encima de su piel, una piel que parecía bronce que había estado demasiado tiempo al sol. La había notado, y también había notado el cuerpo sobre el cual constantemente llamaba la atención.

Era el baile de la escuela secundaria, y estábamos las dos paradas en medio del gimnasio que habían transformado en salón de baile. A un lado, cerca de la entrada, se podía divisar un grupo de chicas demasiado populares como para ser amables.

Se reían como si todo fuera un chiste privado y observaban a todos los que pasaban con el único propósito de burlarse. Al otro lado del salón, bajo los destellos giratorios de las luces, se encontraba el rey del baile del año anterior, y los muchachos frente a los cuales querían bailar todas las chicas. Esperaban que uno de ellos se desprendiera de su camarilla y les pidiera su número de teléfono. Si ella era lo suficientemente bonita, el chico tal vez incluso recordara su nombre al llamarla. Pero, por el momento, los muchachos disfrutaban del estímulo a su ego en un sábado por la noche.

Estábamos en el medio del salón. Me di cuenta de que se ponía impaciente. No había respondido a su pregunta ni había permitido que mi cuerpo revelara lo que deseaba expresar con los labios. En lo único que podía pensar era en el lunes, y en lo que me esperaría si respondía con un «sí» a su invitación. La noticia correría como reguero de pólvora a cada oído y saldría volando de los labios de los que se enteraran... hasta que la escuela ya no me viera como la chica sarcástica y de contextura apocada, sino como «la chica gay».

Pronunciarían mi nombre como si fuera contagioso. Como si lo que yo era pudiera quedarles pegado, se les metiera a sus corazoncitos heterosexuales e interfiriera hasta dejarlos tan «enfermos» como yo.

En los que más pensaba era en los violentos. Eran de la misma cepa de las chicas populares de la esquina. Tenían el talento natural de usar palabras como si fueran armas y de no deponerlas jamás, incluso si mataban a todos los que las escuchaban. Los insultos sobre gays eran sus predilectos. Los ocultaban y los llevaban consigo dondequiera que iban. No les costaría en absoluto disparar uno. Al mirar su rostro, escuché el sonido de una pistola que se cargaba. Ella me esperaba, intrigada por mi silencio. Me pareció escuchar balas que rebotaban en el suelo y me instaban a guardar silencio.

«Vamos, ¡no me vengas con eso! Yo no soy gay». Sonaba tan heterosexual. A propósito. Había asistido al baile escolar para participar del tradicional jolgorio adolescente que proponían esas noches. Me había puesto mi atuendo, comprado con 20 horas de trabajo de fin de semana, para atraer atención, pero ella quería más de lo que yo estaba dispuesta a pagar. Me quería a mí, y lo más probable era que esperara que yo aceptara su oferta. Pero para mí, eso hubiera sido equivalente a desvestirme frente a una multitud. No estaba dispuesta a desnudar mis secretos frente a ella ni a nadie más. Por ahora, prefería la fantasía de ser sincera. Al menos, sabía que me mantendría abrigada.

CAPÍTULO 2

DESDE 6000 A.C. HASTA 1995 D.C.

MI ATRACCIÓN POR LAS MUJERES empezó mucho antes de que supiera cómo escribir mi nombre. Mi mamá me dio mi nombre. Le pareció dignificado. Como una columna vertebral que se rehúsa doblarse. Lo había escuchado muchas veces en su juventud, cada vez que se mencionaba a la esposa de John F. Kennedy en las noticias. Pero yo, en segundo grado, no tenía idea de quién había sido el trigésimo quinto presidente ni quién era la esposa a la cual le permitía acompañarlo mientras saludaba al mundo. Lo único que sabía era que mi nombre tenía demasiadas letras, que yo tenía una pequeña grieta entre los dientes —todo culpa de mis ancestros— y que, según mi maestra, hacía demasiadas preguntas.

Cuando miraba el cielo, no entendía por qué no era del color de mis manos, en vez de parecerse a los ojos de mi maestra. Tampoco entendía por qué esa niña que se sentaba a dos bancos de distancia me hacía sentir extraña. O por qué mi corazón se movía cuando ella se movía. O por qué, durante el recreo, terminábamos en un rincón de una casita de juguete, haciendo cosas que nunca habíamos visto y asegurándonos de que nadie las viera tampoco.

El techo me recordaba a un crayón... de esos verdes que solo sacabas de la caja cuando querías dibujar hierba. La casita en sí estaba pintada de un aburrido tono marrón, y el único toque más vivo eran las persianas de un mostaza brillante que enmarcaban las ventanas plásticas que manteníamos cerradas mientras estábamos adentro. Sin que nadie nos lo enseñara, nos escondíamos. De alguna manera, en nuestra mente había reglas que nuestro corazón sabía que estábamos quebrantando. Mi mamá estaba trabajando y, cuando pensaba en mí, seguramente se imaginaba mis ojos, que todavía no tenían una mirada evasiva, llenos de alegría mientras corría por los juegos del patio, como una leoncilla flamante y vestida con una camiseta roja y pantalones vaqueros cortos. Con el cabello oscuro y denso, como el orgullo de mi padre, meciéndome al viento, hasta que era hora de volver a clases y aprender a escribir. No sabía que estaba aprendiendo *otras* cosas. Ni cómo aquello que sentía todavía no me había dicho cómo se llamaba. Lo único que sabía era que no debía contarle *eso* a nadie.

Los padres no pueden evitar transmitirles ciertas cosas a sus hijos. Cada vez que me paraba junto a mi mamá, alguna broma que las dos podíamos entender se apoderaba de nuestra boca... la abría y dejaba escapar la risa. Detrás de nuestros labios, veías la grieta y te dabas cuenta de que éramos parientes. Eso me había dado, algo que había sido de ella toda la vida, tan solo por nacer con sus genes.

Mucho antes de que mi madre tuviera una boca para sonreír, o de que su madre tuviera manos para limpiar coles (manos que provenían de una mujer con ojos de esclava, pómulos de una africana robada y el apellido de una europea), estuvieron las dos personas que vieron primero el rostro de Dios. En aquel entonces, Adán y Eva lucían bien distintos. No me cabe duda de que eran tan altos y fuertes como Dios había querido, con una piel prácticamente gloriosa, como la del bebé que nunca habían tenido que ser. Pero su apariencia tenía más que ver con la Persona a la cual reflejaban que con un atractivo físico. Cuando fueron creados, sus cuerpos y sus almas eran inmaculados: limpios, prácticamente transparentes al punto de dejar ver a su Creador. A Él no se lo podía comparar con ninguna otra cosa más que consigo mismo, y no era fácil describirlo mediante lo que había creado. Palabras como *precioso*, *maravilloso*, *increíble* o *abrumador* son simples y casi diría que flojas para describir al Santo.

Si pudiéramos preguntarle a Adán, café de por medio, qué palabra le vino a la mente al exhalar y ver a Dios por primera vez, lo más probable es que dijera: «Bueno. Lo vi y supe que era *bueno*». Alguien que haya nacido después de Adán probablemente murmuraría, como para no parecer irreverente: «¿Bueno? ¿Esa es la mejor palabra que se le ocurre para describir a Dios? Pero si incluso *yo* soy bueno». La duda expresada en un susurro se debía a la sonrisa conocida, los ojos idénticos, los pómulos que hacían juego y las manos ocupadas. Y fue Adán, y no Dios, el que nos transmitió todas esas cosas.

Todo empezó después de que la esposa de Adán, Eva, quien había sido creada de una costilla del costado de su esposo, empezó a conversar con uno de los animales a los cuales Adán había puesto nombre. La serpiente, según Adán determinó que se llamaría, era hábil. Tenía la clase de carácter que una anciana que ya se ha quemado dos veces, y nunca más, podría detectar apenas entrara a una habitación. No se menciona si, cuando la serpiente se acercó a Eva, tuvo la decencia de presentarse. Si le hubiera dicho su nombre, tal vez la habría confundido o, peor aún, le habría dado la oportunidad de preguntarle de dónde venía. Adán la llamó *serpiente*, pero todos los demonios del infierno conocían al que hablaba con el nombre de Satanás. Como era más inteligente que eso, se atuvo a hacer solo preguntas al principio. Podrían guardar la parte de «conocernos mejor» para más adelante.

Como no era de los que hablan de bueyes perdidos, la interrogó directamente sobre algo que Dios le había dicho a su esposo poco después de crearlo. Después de hacer los cielos, la tierra y todo lo que hay en ellos, Dios puso a Adán en el jardín del Edén. Adán estaba rodeado de árboles, muchos árboles... todos hermosos a la vista y con frutos deliciosos para comer. En el medio, había uno que no era más espectacular que el resto, sino igual de hermoso, llamado «el árbol del conocimiento del bien y del mal». Dios le dijo a Adán que todos los árboles eran suyos para disfrutar. Como Dios mismo los había plantado para su deleite, producirían el mejor fruto que probaría jamás. Cada bocado le recordaría la bondad que había visto el día en que cobró vida. Sin embargo, un bocado del árbol del conocimiento del bien y del mal lo mataría. Dios le informó que así sería y, como Él es santo, no estaba mintiendo.

Cuando era niña, tal vez haya tenido que aprender a escribir. O a colocar nueve letras juntas y acomodarlas para formar mi nombre; pero nadie tuvo que enseñarme sobre el gozo. Ya salí del vientre preparada para recibirlo. El primer sorbo de leche chocó contra mis papilas gustativas de recién nacida antes de caer en mi barriga a estrenar. Al hacerlo, no solo me sentí satisfecha por estar llena, sino por experimentar el sabor de la comida. Esto hizo brotar una sonrisita desde adentro. Al ir creciendo, encontré otras alegrías como los amigos, los dibujos animados, las pijamadas, las ferias, los abrazos, los juguetes, las golosinas, las mañanas de Navidad y la risa. La bondad de Dios empapó todo lo que había creado, incluyéndome a mí, y me dio la capacidad de disfrutar a los portadores de Su imagen y lo que sus manos creaban. El gozo nunca fue el problema. Nuestro corazón fue el que nos desvió e impidió que halláramos nuestro disfrute supremo en Aquel que nos hizo, y esto mutiló la manera en la que obtenemos gozo y de quién o qué lo obtenemos.

De regreso en el jardín con Eva, la serpiente empezó a hablar:

> —¿Es verdad que Dios les dijo que no comieran de ningún árbol del jardín? —Podemos comer del fruto de todos los árboles —respondió la mujer—. Pero, en cuanto al fruto del árbol que está en medio del jardín, Dios nos ha dicho: "No coman de ese árbol, ni lo toquen; de lo contrario, morirán". Pero la serpiente le dijo a la mujer: —¡No es cierto, no van a morir! Dios sabe muy bien que, cuando coman de ese árbol, se les abrirán los ojos y llegarán a ser como Dios, conocedores del bien y del mal. La mujer vio que el fruto del árbol era bueno para comer, y que tenía buen aspecto y era deseable para adquirir sabiduría, así que tomó de su fruto y comió. Luego le dio a su esposo, y

> también él comió. En ese momento se les abrieron los ojos, y tomaron conciencia de su desnudez. Por eso, para cubrirse entretejieron hojas de higuera. (Gén. 3:1-7)

Lo que el diablo tenía en mente al interrogar a Eva no era necesariamente saber qué respuesta daría ella. En realidad, lo que tendría que haber alertado a Eva no era la pregunta en sí, sino la *manera* en la cual comenzó. «¿Es *verdad* que Dios les dijo…?». O, para expresarlo de otra manera: «¿No les habrá mentido Dios?». La pregunta era una sutil acusación contra el carácter de Dios, la cual, si Eva creía, la desviaría y no le permitiría ver al Señor de manera correcta. Era imposible confiar en un Dios que mentía; ni hablar de adorarlo. Diría tan solo cosas que no tenía intención de cumplir, o afirmaría otras que no podría llevar a cabo.

Entonces, cuando ella no lo reprendió, Satanás le dijo que Dios se parecía más al diablo de lo que imaginaba. Al prometerle la inmortalidad incluso después de la desobediencia (aunque Dios ya les había advertido que morirían), Satanás incriminó a Dios como un mentiroso y se colocó como el portador de la verdad, insinuando que la Palabra de Dios era tan voluble como una promesa en labios de un engañador. Le prometió que podría pecar y, aun así, permanecer con vida. Le aseguró que la santidad, la bondad y la gloria de Dios eran una gran farsa. La única manera en que lo descubriría plenamente era haciendo lo que Él le había mandado no hacer.

Eva miró. El árbol seguía allí. Antes, tal vez tan solo había formado parte del jardín, y no le prestaba demasiada atención. Había quedado eclipsado por toda la gloria que Dios había esparcido a su alrededor. Siempre había estado prohibido comer de él, pero no tenían prohibido tocarlo. Sin embargo, siempre había mejores cosas que hacer, comer y tocar, y mejores lugares donde sentarse, deleitarse y vivir. Que un solo árbol estuviera vedado era la menor de sus preocupaciones, ya que podían ver a Dios todos los días. Hasta que apareció la duda.

Me imagino que, en ese momento, el árbol pareció distinto. Los frutos colgaban de sus ramas, con suficiente holgura como para que el viento se moviera entre ellos. Eva los notó y pensó en su próxima comida. Imaginó lo sabroso que serían, aun si no vivía para probar el siguiente bocado. En un abrir y cerrar de ojos, se dio cuenta de lo hermoso que era aquel árbol. Se parecía a Dios, pero aun mejor, pensó. Recordó lo que la serpiente le había dicho sobre Dios, y cómo aquel árbol la haría igual a Él. Supuso que el fruto y no la fe, el pecado y no la obediencia, le darían la sabiduría que necesitaba para volverse más perfecta de lo que ya era. Es interesante que parte de lo que vio era verdad. Sin duda, el árbol era bueno para comer y agradable a la vista; Dios lo había hecho así (Gén. 2:9). El engaño estaba en creer que el árbol era más satisfactorio para el cuerpo y más agradable a la vista que Dios. Toda la sabiduría que ella pensaba que el árbol podía aportarle la abandonó apenas hizo algo insensato: le creyó al diablo.

A veces, lo que decía el diablo tenía más sentido para mí que lo que decía Dios. Tanto él como Dios hablaron. Dios, a través de Sus Escrituras; Satanás, a través de la duda. Yo había aprendido los Diez Mandamientos en la escuela dominical, mientras comía un puñado de palomitas de maíz caseras y me tironeaba los calcetines. Las prohibiciones que escuchaba no iban bien con los bocados dulces y mantecosos con los cuales me distraía. Producían un ruido que no me interesaba recibir. «No puedes», «No deberías», «No lo hagas»... no me parecían una canción que valiera la pena escuchar, sino tan solo un ruido horrible para acallar con resistencia. Satanás, por otro lado, tan solo me decía que hiciera lo que me parecía bien, o lo que tenía sentido para *mí*. Si mentir me permitía evitar que el cinturón de mi mamá me partiera en dos la retaguardia, entonces mentir era algo *bueno*. Definía lo que era bueno según mis propios términos. Le colocaba cualquier definición que me pareciera un buen atuendo para lo bueno ese día. Por cierto, Dios había introducido originalmente el concepto de *bueno* en la tierra, pero hacía falta fe para vivir en Su definición de bueno. Todo lo que Él decía que era bueno *era* bueno, porque Él lo era. Incluso todo lo que me había mandado que no hiciera, porque Él sabía que lo más cruel que podía hacer era no decirme (ni a todos los demás) que evitara aquello que me mantendría alejada de Él.

Sin embargo, la incredulidad no ve a Dios como el bien supremo. Así que no puede ver el pecado como el mal supremo. En cambio, percibí el pecado como algo bueno y, por lo tanto, a los mandamientos de Dios como un impedimento para el gozo. Para creerle al diablo, no necesité colgarme una estrella de cinco puntas ni memorizar uno que otro hechizo. Lo único que tuve que hacer fue confiar más en mí que en la Palabra de Dios. Tuve que creer que mis pensamientos, mis afectos, mis derechos, mis deseos eran dignos de absoluta obediencia, y que haría bien en postrarme ante el trono endeble que me había erigido.

Después de que Adán (quien había estado ahí con la esposa a la que no pudo proteger de la serpiente) comiera del árbol, murieron. Sus cuerpos seguían en pie, con sangre tibia que fluía por sus venas y con ojos que todavía dejaban pasar luz. Pero lo que Dios había dicho que vendría como consecuencia de la desobediencia se cumplió. Su negación a confiar en el Señor por encima de sus afectos excesivos, su lógica distorsionada y su deseo de autonomía los llevó de ser amigos de Dios a transformarse en Sus enemigos. La santidad de Dios era literal. Su juicio era real. Y el conocimiento que ellos tenían del pecado ahora no era tan solo intelectual, sino práctico.

Cuando el pecado está en el cuerpo, no puede permanecer quieto. No es un huésped que se queda en una habitación, asegurándose de no molestar a los demás. Es un inquilino que vive en todo y va a todas partes. Puede esparcirse por doquier, sofocando cualquier cosa que sea santa. El espejo se hizo trizas cuando se mudó al interior. Adán y Eva, los primeros portadores de la imagen de Dios, creados para amar y reflejar a Dios en la creación, se habían transformado en los primeros pecadores del mundo.

Todos los que nacieron después de Adán heredaron esta condición. Y, tal como Eva, desde el nacimiento, yo experimentaría los residuos de su trato con la serpiente. Nacer humana implicaba que tenía la capacidad para el afecto y para la lógica. Nacer pecaminosa implicaba que ambas cosas estaban inherentemente rotas. La atracción sin nombre que sentía en ese ámbito tan elemental tan solo ponía de relieve lo insaciable que puede ser el pecado. Los deseos existen porque Dios nos los dio. Pero los deseos homosexuales existen porque existe el pecado. Amar a Dios, aquello para lo cual fuimos creados, supone tanto la voluntad como los afectos, pero el pecado se roba este amor que Dios colocó en nosotros para Sí mismo y lo desvía. El pecado se había apoderado del corazón y lo había torcido hasta volverlo algo inferior. Los deseos por personas del mismo sexo son reales. Aunque surgen del pecado, no son un sentimiento imaginario que alguien suscita con el fin de ser diferente. Pero la realidad del afecto no lo transforma en algo moralmente justificable. Es la mente, cuando se conforma a la imagen del pecado, la cual nos impulsa a llamar a lo malo bueno, sencillamente porque nos hace sentir bien.

Tal como Eva permitió que su cuerpo le indicara lo que debía hacer con él, en lugar de la Palabra de Dios, la cual le habría recordado para qué había sido creada, yo tenía la tendencia inevitable a la misma clase de incredulidad. Aquella según la cual el pecado parecía mejor que la sumisión. O según la cual las mujeres, que están hermosa y maravillosamente hechas, tal como aquel árbol, serían *más* hermosas y *más* maravillosas de lo que consideraba que Dios era.

En esa casita de juguete, no cabía duda de que era la hija de mi mamá. Pero el fruto no había caído demasiado lejos del árbol. Lo que hacía detrás de esas persianas amarillas y lo que sentía mientras intentaba escribir mi nombre eran evidencia de que también era la hija de Adán.

CAPÍTULO 3

1988

A LAS CIUDADES DE SAN LUIS y San Luis Oriental las separaba el río Mississippi y había solo un brinco de distancia entre ellas. Las dos ciudades estaban en dos estados diferentes, pero siempre terminaban compartiendo habitantes. Los viernes por la noche era cuando más sucedía esto. Jóvenes afroamericanos de entre veinte y treinta y tantos años de edad cruzaban el puente que conectaba Missouri con Illinois, encontraban una discoteca digna de la noche y bailaban. Con la música más fuerte que el dolor que sentían, se olvidaban del horario de trabajo que habían dejado en casa y eran tan jóvenes como querían.

Una mujer de poco más de 5 pies (1,60 m) de altura, con la sonrisa de un millón de risas y los ojos de alguien cuyos recuerdos son demasiado fríos y brutales como para tocar, entró a la discoteca. Dejó escapar un suspiro de alivio cuando entró y sintió una brisa suave en su rostro. La noche de julio había salpicado su frente de sudor. Le quedaba bien, como si hubiera robado una pizca de luz de luna y se hubiera adornado el rostro con ella. Su cabello no guardaba un equilibrio perfecto, a propósito. Tenía un corte asimétrico, un reflejo de todas las mujeres afroamericanas que vivían en 1988. Colocando a un lado la porción más larga de su cabello, miró a través de la sala, en busca de un asiento. Al encontrar uno, se sentó y se dispuso a esperar a un amigo, mientras se divertía. Era como si no le importara ser su propia compañía.

Junto a la puerta, reconoció al muchacho que entraba. La luz era tenue, pero brillaba lo suficiente como para iluminarle el rostro. Era difícil no notar sus profundos ojos castaños y la mirada fija a la sombra de un par de cejas largas y oscuras. En una, lucía una cicatriz que la partía al medio. Tal vez fuera una señal de que tenía el hábito de dejar las cosas rotas. La vio sentada con amigos y le dedicó una sonrisa torcida. Esa sonrisa que hacía que la mayoría de las mujeres echaran por la borda su sentido común. Sin embargo, esta mujer era su jefa, y tenía diez años más que él. Era demasiado madura como para estar desesperada, pero lo suficientemente sensata como para darse cuenta de que era atractivo.

Unas semanas atrás, un amigo en común los había presentado. Él acababa de salir del ejército y necesitaba un trabajo de civil. Ella administraba un restaurante y estaba dispuesta a darle un uniforme que no requeriría que aprendiera a disparar. Al principio, la presencia de él no la impresionó. A ella no le resultaba distinto de cualquier otro hombre que tuviera en su nómina, hasta la noche en que lo vio vestido sin su uniforme. Fuera del trabajo y con aroma a día libre, captó su atención.

A partir de entonces, se hicieron amigos. No tenían citas; salían a comer. Cuando él se quedaba en su casa y se reían durante toda la noche, no estaban pasando tiempo juntos; simplemente, pasaban el rato. Y cuando lo hacían, lo que más la entretenía era la mente de este hombre. Cuando él hablaba, ella veía cuánto cabía en su interior. Se daba cuenta de que había cosas enterradas: ideas, temores, hechos, rostros, fantasías que se caían solo cuando él tenía ganas de hablar. Hacía preguntas que ella nunca supo que podía responder. Ella aprendió más sobre su propia mente al interactuar con la de él.

No era de suponer que tuviera intenciones de quedarse por tan solo estar ahí. Su amistad estaba compuesta de hebras de lana destinadas a no unirse jamás. No obstante, eso no impidió que, en ocasiones, se transformaran en uno. Dos meses después de haber empezado a ser amantes y de nunca rotular su situación como tal, ella notó que nada de lo que estaba tomando para sus náuseas recurrentes parecía funcionar. Dos cucharadas de medicamento para las náuseas sobre un estómago lleno no servían para nada, y lo peor era que sus pantalones vaqueros se encogían día a día, o sus muslos no paraban de crecer. Como supuso que la menopausia era la culpable de esta traición de su cuerpo, fue a ver al médico, solo para descubrir que el abuso no provenía de las hormonas de la menopausia. Yo estaba creciendo en su interior.

«Quiero un aborto», dijo mi madre. Al otro lado del teléfono, estaba su mejor amiga. Se conocían desde los cuatro años.

Cuando Dwight D. Eisenhower era presidente y muchas mujeres tenían bebés que no querían o que no podían mantener, pero que no tenían dinero para impedir que nacieran, los dejaban crecer de todas formas. El cable grueso y blanco que salía del teléfono se le enredaba constantemente entre la muñeca y el antebrazo. Pasó el auricular del teléfono al otro oído para desenmarañarlo. Lo único que logró fue aumentar la frustración que sentía que le quemaba las manos. «No quiero un bebé de *esta* manera».

Lo que quería decir era que no quería un bebé *con él*. El compañero de trabajo transformado en amigo que se volvió un amante. Él era la «manera» en la que ella nunca quiso traer otro bebé al mundo. Su primer hijo, mi hermano, ya tenía 16 años. Lo tuvo con un hombre al que amaba, y el cual también la amaba. Ella sí salía en citas con el padre de mi hermano, hacían planes para pasar tiempo juntos y se decían «mi amor» y «cariño» el uno al otro. Mi padre era un hombre de 25 años, con un rostro hermoso pero que no tenía idea de cómo quedarse quieto y amar algo que lo volviera consistente. La relación entre ellos era demasiado complicada como para agregarle un hijo, pensó ella, así que la mejor solución sería quitar *el problema*, o mejor dicho, a *mí*.

Su mejor amiga la escuchó. Percibía la irracionalidad del argumento de mi madre. Es decir, que valía la pena considerar el aborto en lugar de la vida; que quitarme de la tierra haría que su propio mundo mejorara. La sociedad había cambiado mucho desde entonces, pero Dios seguía siendo el mismo. El aborto seguía siendo perverso, tal como siempre lo había sido, incluso antes de que las palabras «No matarás» salieran como un trueno de la boca de Dios. No estaba pensando con claridad, y su mejor amiga debía ayudarla a darse cuenta. Ella abrió la boca y Dios habló: «¿Cómo sabes que Dios no quiso que tuvieras este bebé de *esta manera?*».

Como si le hubieran arrojado agua fría a la cara, mi madre abrió bien los ojos, mientras la verdad resonaba en su pecho y el ruido de la muerte se aquietaba un segundo. Jamás había considerado la Providencia ni Su participación en lo que ocurría en su vientre. Dios, omnisciente, el Hacedor del hombre, el Creador de la vida, había orquestado mi concepción. Aunque había ocurrido en medio de pasiones pecaminosas, Él me había *entregado* a mi madre. Me estaba formando en su vientre. Aunque ella no lo sabía, Dios me había elegido antes de la fundación del mundo para que lo conociera. Y nadie —ni mi madre, ni mi padre, ni siquiera yo— se interpondría en Su camino.

CAPÍTULO 4

1989–2007

A VECES, MI PADRE me amaba.

Yo no era lo suficientemente consciente de lo desapegado que estaba de mí. La mayoría de los niños empiezan a recordar sustantivos después de preescolar. Los nombres de las personas, los lugares y las cosas se graban en la memoria. Desde allí, los sustantivos van moldeando lo que tocan. *Papá, hogar, amor* se volvió una contradicción una vez que entendí lo diferente que era mi mundo en comparación con la imagen que pintaban los libros que me leían en la escuela. Pedro y Juana tenían un papá en casa. Jackie no. Pedro y Juana tenían un padre que los arropaba a la noche. Jackie no. Pedro y Juana se despertaban y desayunaban con su padre. Jackie no. El padre de Jackie venía de visita. A veces, no venía. El padre de Jackie llamaba por teléfono. A veces, no llamaba. Durante un mes de junio, cuando mi cumpleaños y el Día del Padre se superpusieron y no intercambiamos saludos ni felicitaciones, se hizo más clara la ausencia de mi padre. Después de un tiempo, dejé de esperar nada de él. Supuse que se había olvidado de mi cumpleaños. Que, para él, era lo mismo que el primer día de clases del nieto de uno de sus compañeros de trabajo; algo demasiado irrelevante e impersonal como para producirle placer.

En un intento de ahorrarme otra tristeza y desilusión, mi madre dejó de vestirme para esperarlo llegar. También dejó de decirme que la razón por la cual me ponía pantalones planchados y una camisa recién centrifugada era que Papá estaba por venir a buscarme. No estaba dispuesta a participar de mi desconsuelo, así que directamente dejó de comunicarme las promesas de mi padre. Había secado demasiadas lágrimas del rostro de su hija cuando mi padre nunca mostraba el suyo. Se había cansado de observarme con la mirada fija frente a una puerta cerrada. Con las piernas que por fin dejaban de hamacarse porque el «Llego en 30 minutos» terminaba desvaneciéndose en la nada.

A veces, aparecía. Y cuando lo hacía, no me acordaba de nada: ni de una lágrima, ni de una pregunta confundida de «¿Dónde está Papá?». Por ahora, la respuesta estaba en el asiento del conductor, y me llevaba a algún lugar desconocido (el cual no me importaba demasiado, siempre y cuando él estuviera conmigo).

Cuando lo miraba, lo que más me encantaba era su rostro. Sus ojos tenían una oscuridad maravillosa y, cuando su sonrisa torcida los dejaba achinados, me permitían ver cómo me veía yo al reír. Me daba cuenta de que su mente no se quedaba quieta demasiado tiempo. Durante los momentos de silencio, cuando la conversación no podía tapar lo incómodo de la situación, él desviaba la mirada, con un diálogo en sus ojos que solo él podía escuchar.

Mi identidad tenía más sentido cuando estaba con él. Era un espejo diferente. Con él, veía de dónde había sacado algunas cosas que mi mamá no tenía. Disfrutaba de cada momento con este pariente inconstante al cual llamaba «papá», hasta que empezaba a usar palabras que no creía que le pertenecieran, como «te amo». Era una frase demasiado grande para su boca. Incluso la espetaba como si creyera en lo que decía... pero yo no. No podía. El amor, según lo entendía —a través de mi mamá—, no era como el viento. La indiferencia era así. El viento y la indiferencia iban para donde bien les parecía. Se instalaban cuando les convenía, seguían su camino sin aviso, incluso si destrozaban uno o dos hogares al salir. El amor era como el sol: siempre estaba allí. Quizás parecía que se movía... pero en realidad siempre estaba quieto. Papá no podía quedarse quieto, así que, para mí, papá no me amaba.

Con el tiempo, me convencí. Hay un límite de cumpleaños que se pueden pasar por alto, de primeras veces de andar en bicicleta, de cambios en altura, peso, grado y escuela, hasta que el corazón se acostumbra a mantener afuera al hombre cuya sangre ayudó a formarlo.

Ya tenía edad suficiente para escuchar bien. Al otro lado del porche, él estaba reclinado en una silla, terminando una rápida conversación con alguien que tenía la mitad del cuerpo colgando de la puerta de entrada para alcanzarlo. La delgada puerta de malla de metal se cerró con fuerza, haciendo un fuerte ruido. Él volvió su silla hacia mí. «Ya sabes que te amo, ¿no?». Yo desvié la mirada. No lo hice para evitar que viera cómo el escepticismo redirigía mi rostro, sino para evitar que supiera que tenía el poder de afectarme.

«Sí…», respondí.

«Por ser como soy, puedo amar a las personas sin tener que estar cerca de ellas. Por ejemplo, te amo y amo a todos tus hermanos [tenía dos hijos más con su primera esposa]. También amo a mi esposa [su tercera esposa] pero así como estoy hecho, si alguno de ustedes alguna vez quisiera dejar de hablarme, o si quisieran alejarse de mí, no me importaría. No significaría que no los amara; simplemente, no me afectaría».

Me tapé la boca antes de que se me cayera la mandíbula. Observé de cerca su semblante, leyendo para ver si había algo que explicara lo que sus palabras decían. Ya hacía tiempo que las palabras se habían vuelto una manera secundaria de escuchar a las personas. La gente decía demasiadas veces cosas que no pensaba como para que yo creyera en su veracidad, pero el cuerpo siempre añadía al diálogo una o dos frases sin articular.

Si escuchaba sus manos, parecía relajado. Su voz era tranquila. No hablaba con dureza; era casi suave. Sus ojos, con aquella cualidad maravillosa, eran ingrávidos. No andaban por el suelo; se mantenían concentrados en mí. Todo parecía indicar que estaba siendo sincero, y me quitó la vulnerabilidad de un susto. No podía entender cómo este hombre (mi padre) podía decirme a mí (su hija) que cualquier intento de distanciarme de él no tendría importancia alguna. No haría nada. Es más, él podría seguir con su vida, sin mí en ella, como siempre había hecho, con el paso constante de un hombre sin pecados. Esta confesión le infundió significado a su método para la paternidad a través de los años. Indudablemente, significaba que tenía la capacidad de amar sin interesarse, de volver y después no regresar. Que podía sentarse frente a alguien con su mismo rostro y, aun así, decidir no volver a verlo. Probaba que era imposible que este hombre me amara. O, si lo hacía, era un amor momentáneo que mi corazón no tenía la capacidad para sostener. Después de aquel día, no volvería a llamarlo, y dudo que se diera cuenta.

Mi padre me enseñó el riesgo que implica confiar. Aprendí que no podía entregarle mi confianza a una persona solo porque ella dijera que la quería. Podía ver sus palmas abiertas, con los dedos apenas doblados, como para garantizar que no se cayera ni un poquito, con la esperanza de que colocara mi confianza allí.

Pero era mía. Toda mía. Las personas no se pueden llevar aquello a lo cual no tienen acceso. Podía darles mi humor, mi comida y decirles dónde vivía. Bueno, hasta podía darles algunas de mis historias. Se las contaría muy bien, omitiendo las partes de llanto, dándoles apenas suficiente como para que pensaran que me conocían. Me volví insensible y una persona a la que nada parecía afectarla, porque ¿de qué otra manera podía mantenerme a salvo? Pero, al mismo tiempo en que me estaba enseñando a evitar el dolor, también me estaba entrenando para vivir sin amor.

> Ama cualquier cosa y se te retorcerá el corazón, y posiblemente quedará hecho añicos. Si quieres garantizar que quede intacto, no debes entregárselo a nadie, ni siquiera a un animal. Envuélvelo con cuidado con pasatiempos y pequeños lujos; evita cualquier tipo de enredos; enciérralo de manera segura en el ataúd de tu egoísmo. Pero en ese ataúd —seguro, oscuro, inmóvil y sofocante—, cambiará. No se romperá; se volverá inquebrantable, impenetrable, irredimible. [...] Amar implica ser vulnerable.[1]

No recuerdo los detalles de la trama que rodeaban la ocasión. Tampoco recuerdo qué tenía puesto ni qué desayuné aquella

---

[1] C. S. Lewis, *The Four Loves* (Nueva York: Harcourt Brace, 1960), pág. 121.

mañana. ¿Habrá sido un suéter marrón o una camiseta naranja? ¿Habré comido *waffles* o tal vez panqueques? No recuerdo qué me dijo mi madre antes de dejarme en la casa de un amigo de la familia. Alguien en quien confiaba que protegería a su bebé hasta que ella volviera de trabajar. Estoy segura de que me abrazó antes de despedirse, pero quién sabe. Está todo desdibujado, hasta que recuerdo el color del sótano.

El sótano estaba oscuro. La única luz provenía de una ventanita en la esquina. Un par de largos tubos fluorescentes atravesaban la habitación, llenándola de algo que parecía una neblina. Cómo terminé allí abajo, solo Dios sabe. Con tan solo seis o siete años de edad, la única razón por la cual podrían haberme dicho que fuera allí sería la promesa de algún juguete. O algún juego. Tal vez este muchacho —un pariente adolescente que vivía en aquella casa— quería jugar a las escondidas. Entre la mesa de billar, el sinfín de armarios, las pilas de cajas, el acotado cuarto de lavado y la oscuridad en sí, había muchos lugares para esconderse. No sé cómo empezó todo… solo recuerdo el reconocimiento profundo e imperturbable de que lo que me estaba haciendo no me permitía respirar normalmente. Me dijo que lo hiciera y yo obedecí. ¿Habrá durado 50 segundos o 15 minutos? No lo sé. Él era más grande, me superaba en edad y, hasta donde yo sabía, esto también era un *juego*.

Alrededor de una década más tarde, le presté particular atención a mi televisor cuando escuché a una mujer con los ojos llenos de lágrimas y voz quebrantada que le contaba a la conductora del programa, Oprah, sobre el abuso sexual que había ocurrido en su casa. Describió la violencia suave que le había robado el inocente aliento de su cuerpo. Se le quebraba el corazón ante la cámara cada vez que recordaba otro detalle. Cerraba los ojos, sacudiendo la cabeza de un lado al otro, intentando resistir la claridad de su pasado. Después de cada lágrima, parecía pesarle más la cabeza. Poner el dolor en palabras evidentemente era un peso que no estaba preparada para soportar ante una audiencia.

Mientras la escuchaba, pensé en la oscuridad del sótano y en lo que había sucedido allí. Lo que escuchaba y lo que recordaba parecían lo mismo… excepto que yo nunca le había dado un nombre. Para mí, era solo algo que me había pasado y que me daba demasiada vergüenza contar. Según esta mujer, yo había sido víctima de abuso sexual. Poder darle un nombre a lo que me había sucedido hizo brotar lágrimas de mis ojos. Cayó una y después varias más, hasta que me encontré no solo compartiendo la historia de esta mujer, sino también su dolor. Mi cabeza hizo un ruido más pesado, inclinándose hacia mi pecho, y sentí que el corazón se me rompía ante la revelación de haber sido desestimada por la lujuria de un adolescente.

Es curioso cómo a veces la mente no le permite al cuerpo recordar lo que le han hecho. Decide voluntariamente tomar el recuerdo abusivo y enterrarlo. Como si fuera a guardar y proteger el dolor, haciéndonos olvidar que está ahí. Pero no recordar el trauma no significa que no suframos sus efectos. Estos siguen surgiendo y saliendo a la superficie frente a ciertos olores, sonidos, imágenes, toques, preguntas, tonos, lugares, personas y personalidades. Están a la espera de que alguien los note y los saque a la luz. Permitírselos, y espiar para ver de dónde provienen, es el camino a encontrarle sentido a nuestra historia y a hallar la sanidad particular que nos fue negada.

Entre la falta de padre y el abuso sexual, todo mi marco de referencia para las personas a las que Dios creó hombres estaba erigido sobre la experiencia de lo que hacían. La ausencia de un hombre me enseñó que todos los hombres eran incapaces de amar. Tan solo en destellos fugaces y esporádicos de afecto podrían hacer lo que prometían. Con un temple inconsistente y encauzado por cualquier cosa menos por su propia sangre, me negaba a creer que los hombres pudieran decir la verdad alguna vez. El otro hombre ni siquiera era un hombre de verdad, pero mientras se transformaba en uno, decidió descargar sus impulsos sobre una niña. Una niña cuya primera introducción al afecto masculino no sería un abrazo de su papá, sino las lujurias de otro hombre. Como consecuencia, el toque de un hombre me parecía completamente inseguro. Para mí, el abuso sexual transformó la intimidad con un hombre en una práctica indecorosa del ego masculino, para el cual yo solo sería un cuerpo para conquistar, no una persona para amar.[2] Todavía no lo sabía con la misma seguridad, pero mientras tanto, otro hombre me estaba amando, siempre.

---

[2] Es importante destacar que el abuso sexual no fue lo que me hizo gay. Tampoco la falta de padre. Estas cuestiones tan solo exacerbaron y ayudaron a dirigir el camino de lo que ya estaba ahí: el pecado (Sal. 51:5; Rom. 1:26-27; Sant. 1:15).

CAPÍTULO 5

2006

YA NOS HABÍAMOS IDO del baile, pero la pregunta me siguió hasta mi casa. No podía sacármela de la cabeza. «Jackie, ¿quieres ser mi novia?» perduraba suspendida entre el techo y mi clavícula, anclándose a cada uno de mis pensamientos, completamente ajena a mis intentos de soltarla. Cuando le dije: «No» la primera vez, la chica sonrió y echó la cabeza hacia atrás, como si la hubiera ofendido, o como si supiera que le estaba mintiendo.

Mientras me alejaba, se quedó mirándome con una sonrisa socarrona, como si supiera que, con el tiempo, volvería y diría la verdad… como si supiera sobre segundo grado y sobre los sueños que tenía desde incluso antes de saber escribir. Incluso antes de tener un nombre para llamarle a la sensación trémula que experimentaba en el corazón cuando se acercaba una mujer. Tal vez había escuchado las palabras heterosexuales y se había dado cuenta de lo que había más allá de la forma lineal en que las dije, hasta desentrañar el anhelo constante de hacer lo que Levítico llamaba abominable. Había escuchado a más de un pastor decirlo, a algunos incluso gritarlo, como la voz de alguien que intenta no tragar fuego. Pero saber eso no evitaba que deseara a esa chica, y sin duda, no hacía que fuera más fácil admitirlo, con el tiempo a ella, pero primero a mí misma.

No quería irme al infierno. Cuando pensaba en ella, pensaba en *eso*. Imaginaba cómo sería vivir allí, viendo cómo las llamas se apoderaban de mi piel y la consumían, desnuda y totalmente insegura. Me imaginaba preguntándome cómo sería no tener sed, mientras el calor arrebataba el aire de mi garganta cada vez que la abría para atrapar el viento del fuego, con la esperanza de que saciara mi sed. Mi nariz nunca volvería a percibir el aroma del café ni de las flores. Lo único que inhalaría serían cosas muertas. Todo lo bueno habría quedado atrás, y lo recordaría como cosas que había dado por sentadas. Caminaría siempre fatigada hacia el final de la oscuridad, rogando encontrar luz, esperanza, una salida, un respiro, un abrazo, una sonrisa dirigida a mí, una risa, una oración escuchada con el potencial de recibir respuesta. Dios escucharía, pero no hablaría. Vería, pero no rescataría. La liberación estaría en tiempo pasado, y los sermones que había llevado conmigo, pero que jamás había escuchado, serían las cenizas que constituirían mi alimento. El infierno sería una decisión, y tenía que decidir si esta chica valía la pena.

Esto es lo que siempre quisiste hacer, pensé. Solo había tenido sueños y largos pensamientos a plena luz del día sobre estar con mujeres, pero nunca había tenido el valor de materializarlos. Los pequeños momentos de intimidad con mujeres, como una amiga que me abrazaba en el pasillo o que me tomaba del brazo durante un estallido de risa, siempre eran placenteros y algo adictivos. Siempre duraban apenas suficiente como para darme cuenta de que quería más, y ahora tenía la oportunidad de tenerlos. De tomar la luciérnaga por el ala, antes de que le diera su luz a otro cielo.

«Pero ¿y el infierno?». Aquel lugar sin luz, lleno de personas incapaces de sentir atracción por el sexo opuesto, estaría —según la última iglesia a la que había asistido— al otro lado de elegir a esta chica. «Podría *probar* y ver cómo es». Mi corazón y mi conciencia estaban en lados opuestos de una soga invisible, cada uno tirando para su lado y esperando que yo decidiera quién caería.

Sentada en mi cama, mi conciencia estaba más conversadora que nunca. Nunca la había escuchado hablar tanto, o quizás simplemente me había acostumbrado a ignorarla. Muchas veces, me había advertido sobre qué no debía fumar, sobre cuánto beber o sobre qué no decir o mirar o en qué meditar…

y no la había escuchado ni una vez. Hacía lo que quería. A mi conciencia parecía interesarle más lo correcto que lo que *a mí* me resultaba adecuado y me hacía sentir bien.

Mi corazón, por otro lado, me conocía. Era el que me había guiado desde temprano, llevándome a casitas de juguete marrones. Unos años después, a los siete, mientras miraba pornografía en la casa de una amiga, me susurró que siguiera mirando, que no le dijera a nadie, que recordara todo lo que veía y que le permitiera entrar a mi propia casa mientras mi madre dormía. Ahora, lo único que quería era que fuera libre. Tan libre como la luciérnaga, una vez que la soltara y la liberara a la oscuridad. Allí, rodeada de tanta noche, la negrura encendió su cuerpo en llamas.

A través de las paredes, de la habitación, de la oscuridad que lentamente se apoderaba de mi conciencia y de las preguntas que hacía y que yo estaba decidida a ignorar, Dios observaba. Podía ver lo que mi boca jamás decía y escuchar lo que mi corazón susurraba por lo bajo. Es el engaño del Edén, en el cual dos incipientes pecadores se refugian a la sombra de un árbol (Gén. 3:8). Llegaron a la conclusión de que pueden esconderse del Dios que todo lo ve. Su pecado, el cual necesitan confesar, queda tapado por la corteza, como si pudieran encontrar liberación en su savia. Dios camina hacia ellos, en lugar de correr, como para anunciar que viene con la paz de la misericordia. Les pregunta dónde están. No porque no sepa la respuesta, sino porque les está dando la oportunidad de confesar. De no solo decir dónde están sino también *por qué* están ahí. Lo que no deja lugar para el arrepentimiento es la negación del pecado, la renuencia a confesar, la desestimación del pleno conocimiento de Dios sobre nosotros y el temor que este debería generar. Los que se engañan son los que creen que pueden esconderse exitosamente de Dios.

> ¿A dónde podría alejarme de tu Espíritu?
> ¿A dónde podría huir de tu presencia?
> Si subiera al cielo, allí estás tú;
> si tendiera mi lecho en el fondo del abismo,
> también estás allí.
> Si me elevara sobre las alas del alba,
> o me estableciera en los extremos del mar,
> aun allí tu mano me guiaría,
> ¡me sostendría tu mano derecha!
> Y, si dijera: «Que me oculten las tinieblas;
> que la luz se haga noche en torno mío»,
> ni las tinieblas serían oscuras para ti,
> y aun la noche sería clara como el día.
> ¡Lo mismo son para ti las tinieblas que la luz!
> (Sal. 139:7-12)

Mi secreto no era ningún secreto. Mis pecados estaban todos ante Él. Y mi conciencia era ese paseo de jardín, en el momento fresco del día, que me anunciaba que no había dónde esconderse. Dios estaba escuchando y estaba listo para susurrarme Su respuesta con una voz diferente. Una voz veraz que declara: «Si confesamos nuestros pecados, Dios, que es fiel y justo, nos los perdonará y nos limpiará de toda maldad» (1 Jn. 1:9). Pero yo no quería que Él escuchara y perdonara. Solo estaba dispuesta a escuchar las voces que me llevaban lejos de la luz. Ansiaba la libertad que se escondía en la oscuridad.

Había escuchado a los cristianos hablar de la libertad, y de cómo les había sobrevenido solo cuando Dios había tomado sus corazones y los había despojado de su dureza. De esa manera, podían hacer cosas antinaturales como «obedecer» y «confiar en Su Palabra». Siendo la amante de la desobediencia que era, estas afirmaciones me parecían tan insensatas como la esclavitud.

Si era sincera conmigo misma, sabía que quería ser gay con esta chica. Como solo podía tener contacto con ella a través de los medios sociales, esto me dio la oportunidad de decirle la verdad sin tener que ver su reacción. No vería si, al leer mi mensaje, la sonrisita sarcástica regresaba y florecía en una sonrisa de alguien que tenía razón. Cuando respondió, la leí y sentí que flotaba. Era como si se hubiera abierto una grieta en el techo sobre mí y yo volara, golpeándome el tobillo contra el borde recién abierto al salir. Esto significaba más para mí que para ella. Era mi manera de explorar el mundo y mi lugar en él.

Ella era tan solo el combustible. Necesitaba que les dijera a mis piernas cómo volar. Cómo es que allí arriba no sirve caminar. Que, para volar, no hacen falta los brazos ni las piernas. Lo único necesario es soltar y observar la rapidez con la cual el cielo nocturno te arrebata. De vez en cuando, abría la boca y la oscuridad me rozaba los dientes y terminaba desparramada por mi lengua. ¿Quién hubiera imaginado que esa era la sensación de la libertad?

Después de cerrar la puerta detrás de mí, la guie hasta la parte de atrás de la casa con mi voz. Sin temor a que descubrieran mi mirada persistente, la observé caminar delante de mí. En la parte trasera de la casa de mi madre (que en ese momento estaba trabajando), había un solario. Las plantas que ella había llamado con nombres de personas que nunca había conocido llenaban el lugar y lo teñían de verde. Me senté junto a «Lavinia» y escuché el destello de un encendedor. Después de varios intentos, la llama trepó y se encendió, pero cuando lo hizo, empezó a parecer como si en la habitación se estuviera encendiendo algo más que un cigarrillo de marihuana. El humo llenó todos los rincones, transformando el solario en una versión nebulosa de la luna. Después de inhalar un poco, me pasó el cigarrillo a mí. Inhalé la noche y exhalé un pedido: «Siéntate».

Nos sentamos, sintiéndonos en otro mundo en aquella habitación turbia, cómodas de compartir el espacio mientras durara el cigarrillo. Nuestra cercanía no era como los predicadores la habían descrito. Ellos afirmaban que era antinatural. A veces, incluían una rima ingeniosa sobre cómo Dios había creado «a Adán y Eva, no a Adán y Esteban». Pero, para mí, su tonto salmito no cambiaba lo bien que me sentía al estar cerca de ella. Lo que ellos llamaban extraño para mí era más natural que cualquier cosa que había experimentado en la heterosexualidad. Todo su cuerpo me hacía sentir cómoda conmigo misma. La abracé con más fuerza; no quería que todo volviera a desvanecerse en un sueño, donde solo era gay cuando dormía.

Me descubrió mirándola desde encima de su hombro y sonrió. Esta vez, había un dejo de sorpresa en su mirada. Como si hubiera observado a una luciérnaga iluminar una parte mayor del cielo de lo que esperaba. «¿Qué?», le pregunté. Era evidente que estaba descubriendo algo sobre mí, y quería que lo dijera en voz alta. «Claramente, siempre has sido gay». Miré sus ojos coquetos y le sonreí con satisfacción.

CAPÍTULO 6

2007

«**DEBERÍAS VESTIRTE COMO** semental esta noche», me dijo mi nueva novia, mientras cruzaba sus piernas bronceadas sentada sobre mi cama. Ya hacía varios meses que estaba con la mujer que me había introducido en el mundo donde las mujeres se besaban y lo disfrutaban. Pronto descubriría que, en esta comunidad, los homosexuales afroamericanos tenían un idioma distinto al del mundo heterosexual que los rodeaba.

Lo que para las personas heterosexuales era una chica de aspecto normal (una que usaba bolsos, uñas largas, brillo labial, tacones altos, vestidos, faldas y hablaba como si tuviera novio en lugar de novia), para nosotros era una «fem». Un *tomboy* [marimacho] siempre había descripto a chicas como yo: la clase que detesta los bolsos, los vestidos, los brillos labiales, las faldas y que siempre habla de manera un poco más agresiva de lo que se considera apropiado para una chica. Sin embargo, en este ambiente nuevo donde el arcoíris estaba siempre a la vista, incluso cuando el sol no lo estaba, a las *tomboys* se las solía llamar con un nuevo nombre: *stud* o semental. En mi relación, el rol de semental expresaba la manera en la cual ya me comportaba. Era la que abría la puerta, pagaba las comidas, protegía cuando era necesario, lideraba siempre y nunca era a la que conducían de la cintura. Me inclinaba solo cuando ella necesitaba sostenerme del cuello al abrazarme, y yo la jalaba con más fuerza, para recordarle que era más fuerte. Y ahora, ella quería que me vistiera para reflejar mi manera de hablar, y que permitiera que toda la «masculinidad» se reflejara en mi atuendo.

Le pedí prestado unos pantalones vaqueros a un amigo que vivía cerca. Metí una pierna y sentí como si se escurriera un golpe de electricidad entre mi pierna izquierda y el tiro del pantalón. Se detuvo al llegar a mi rostro y se transformó en una sonrisa. Me reí, tan solo para mantener a raya el entusiasmo. La otra pierna del pantalón entró con la misma facilidad, la misma sensación eléctrica se disparó por mi pierna derecha, fue por la rodilla, pasó por el torso y debajo de la camiseta roja de mangas largas más grande de lo necesario, hasta que llegó a mis manos. Me subí los pantalones hasta la cintura, dejándolos con un aspecto relajado y un poco caído, tal como los usaban los hombres que yo conocía.

No ayudaba que el mundo no me considerara lo suficientemente femenina. A medida que fui creciendo, me distancié de lo que algunos consideraban femenino. El color rosa era espantoso, así que no lo usaba. Los vestidos eran incómodos, así que no me los ponía. Los bolsos eran molestos, así que no los llevaba conmigo. Para el resto, estas eran las cosas que hacían que una chica fuera una *chica*. No importaba que las mujeres tuviéramos incluida la quinta letra del alfabeto, la cual les dice a nuestros cuerpos que expandan sus caderas algún día para prepararlos para sostener vida. O que no tuviéramos el instinto de saltar frente a una bala por un hombre, sino el de ser la primera cara cálida que él vería al caer al suelo. Estábamos hechas para sostenerle la cabeza y la mano, con una voz que no tenía ninguna nuez de Adán que la hiciera pesada, para decirle: «Todo estará bien». No importaba que nuestra contextura cargara más carne que músculo, más sustento que cualquier otra cosa, o que nuestro pecho creciera y se transformara en algo que ningún muchacho obtiene durante la pubertad. No importaba que nos riéramos avergonzadas la vez en la que no estábamos preparadas para sangrar en la escuela… no les preguntábamos a los chicos cómo había sido la primera vez que habían tenido su período. ¿Por qué lo haríamos? Eran muchachos. Los chicos solo sangraban por jugar demasiado o luchar inmoderadamente. Nosotras sangramos por naturaleza. La naturaleza tal como aparecía en mi cuerpo me llamaba «mujer».

Pero la sociedad me llamaba masculina. Creía que las mujeres debían mostrar las piernas y los hombres hablar como si todos tuvieran que escuchar. Ninguna de estas versiones era un espejo adecuado. Necesitaba que alguien más inteligente y no creado me dijera quién era yo, porque Él sería el que mejor lo sabría.

Hasta donde sabemos, la identidad y el concepto de lo que es bueno llegaron juntos al mundo. Cuando Dios hizo a Adán y a Eva, primero los hizo a Su imagen. Quiso que fueran distintos de las estrellas, las plantas y los animales. No existirían de la misma manera que las otras cosas creadas, hermosas y sin alma. Podrían reflejar a Dios en la tierra, en cuerpo, mente y alma. Ser un portador de imagen era su identidad fundamental. Esto los llevaría a decirle al mundo, con sus vidas, para quién y por qué razón habían sido creados. Al mismo tiempo, también habían sido hechos claramente distintos el uno del otro.

Dios los creó hombre y mujer:[3] dos palabras que no fueron inventadas por una persona, un grupo, una sociedad ni una cultura, ni siquiera por Estados Unidos, sino que Dios las usó para describir lo que había hecho y el propósito exacto para el cual los había diseñado. Del mismo Dios, salieron dos cuerpos diferentes. Y después de crearlos, por último, después de todo lo que había hecho antes, Dios los miró y observó todo lo demás y lo llamó bueno. ¿Las plantas? Bueno. ¿Las estrellas? Bueno. ¿Las aletas de los peces? Bueno. ¿Y Adán y Eva? ¿Qué me dices de sus ojos, y la manera en que su mente los llevaba a ver el mismo objeto a través de una lente distinta? ¿O de sus

---

[3] Génesis 5:2.

manos, y de la realidad de que las de Adán eran lo suficientemente amplias como para sostener una o dos pezuñas y las de Eva eran lo suficientemente pequeñas como para sostener una avecilla? ¿O la voz de Eva, que sonaba como la mañana, y la de él, que sonaba como si acabara de escupir una montaña? ¿O su entrecejo, fuerte como un puño, y el rostro de ella, suave como un amén? Todo esto, Dios dijo que era *muy bueno*. ¿Por qué? Porque un Dios bueno lo había creado.

El pecado detesta todo lo que es bueno, y cuando Adán y Eva decidieron vivir en él, algo interesante sucedió. Comieron el fruto, pecaron contra Dios, sus ojos fueron abiertos y lo primero que notaron fue su cuerpo. Estaban desnudos, y ahora lo sabían. Nada había cambiado, pero todo había cambiado. Sus cuerpos estaban iguales a lo que habían estado antes de creerle al diablo, pero ahora el pecado jugaba un papel en la manera en que se percibían. Lo que antes era hermoso ahora era objeto de vergüenza, y les recordaba su relación rota con Dios y con el otro.

De la misma manera en que el pecado había tomado mis afectos para hacer lo que le placía, llevándome a nacer con anhelos, deleitándome en todo lo que no era natural, también se había apoderado de mi mente con ambas manos. La había vuelto sobre mí misma, como un catalejo invertido, impidiendo una visión genuina y dándome tan solo una tenue. Así, el cuerpo en el cual habitaba me daba la sensación de que me habían dado la ropa incorrecta para vestirme. Otra camisa parecía mejor, más cálida y fácil de colocar. La mía era extraña, incómoda, irritante e imposible de sacar. Si hubiera podido ver la bondad de Dios en todo lo que hizo, incluidas yo y mi femineidad, entonces habría comprendido fácilmente que mi cuerpo no quedaba afuera de las palabras de Colosenses 1:16: «Porque por medio de él fueron creadas todas las cosas en el cielo y en la tierra, visibles e invisibles, sean tronos, poderes, principados o autoridades: *todo ha sido creado por medio de él y para él*». Mis manos, mi cabeza, mi rostro, mis piernas, mis caderas, mis hormonas, mis partes privadas, mi voz, mis pies, mis dedos, mis sentimientos, todo fue creado por medio de Él y *para* Él. Al parecer, este cuerpo nunca me perteneció en primer lugar… me fue *dado* por Alguien, para Alguien. Alguien que lo creó para la gloria y no para la vergüenza. Sin embargo, hasta que pude conocerlo, mi identidad estaría conformada de cualquier partícula de polvo que volaba de los pies del diablo mientras corría por la tierra.

Todos los fines de semana, estábamos ahí. Sabíamos que era el único lugar donde podíamos dormir juntas sin preocuparnos por quién podría entrar a la habitación. Entramos a la recepción del hotel, ella tomada de mi brazo. No había nadie en el escritorio de entrada, así que nos sentamos a esperar. Hacía casi seis meses que estábamos juntas, pero el tiempo no importaba cuando nos tocábamos. Más alta que yo, pero tan hermosa como una mariposa recién salida del capullo, la había conocido a través de una amiga. Al principio, solo hablábamos de a un mensaje de texto a la vez. Yo ya tenía novia, hacía casi un año y medio, pero quería una risa nueva para escuchar de vez en cuando. Después de que mi exnovia me sugirió que me volviera una semental, y yo la escuché, las mujeres empezaron a agolparse a mi alrededor. Supongo que mi rostro se veía mejor bajo el ala de un sombrero. Cada una de ellas decía cosas que jamás había escuchado sobre mí misma. Principalmente, que alguien me deseaba.

Sentían deseos por mí. Yo amaba *eso*, nunca *a ellas*. Con la excepción de dos: la que me ayudó a salir de mi capullo y la que estaba sentada junto a mí.

La puerta se abrió de repente y golpeó la pared de atrás, resquebrajando el empapelado apenas como para escucharlo romperse. Le vi la espalda antes que la cara. El hombre pasó por la puerta y se puso detrás del escritorio como un tornado de más de seis pies (2 m) de altura, dando vueltas con el rostro perplejo, su mirada iba de un lado al otro y buscaba algo o alguien para levantar del suelo. Apenas entró, salió para otra habitación. Sea quien fuera que estaba buscando, no se encontraba en la recepción, ni detrás del escritorio, ni afuera.

Mi novia me echó una mirada. No era la mirada ligera de antes de que aquel hombre enfurecido arrasara por la recepción. No dijo nada y dijo todo al mismo tiempo. Entre parpadeo y parpadeo, escuchaba: «Me da miedo, él, esto. ¿Me protegerás cuando regrese? Si vuelve, ¿lo atraparías para que yo pueda huir?». Le contesté «no» sin decir palabra. Al escuchar el estruendo de su voz montañosa a través de las paredes, recordé sus brazos, y al mirar los míos, me sentí como una mujer. Lo que expresaban los ojos de ella, los míos también lo expresaban.

Quería volverme a alguien lleno de testosterona y rogarle que fuera fuerte por nosotras. Que reuniera todo lo que Dios le había dado para un momento como este y nos protegiera. Yo no podía protegerla, ni podía protegerme. Y lo sabía. Saberlo me irritaba en silencio. Era un momento totalmente inconveniente para que mi conciencia me recordara la realidad. ¿Por qué no podía dejarme que siguiera comiendo polvo y llamándole alimento? Estas ropas, estas mujeres, estos sueños, esta voz, la sumisión de ella, esta forma de caminar varonil que horrorizaría a mi madre, ¿no eran acaso la verdad? ¿No significaban que me había transformado con éxito? ¿Acaso no podía ser lo que yo quería? Entre Dios y yo, en el secreto de mi conciencia, mi condición de mujer me parecía ineludiblemente real. Por más que creyera que podía, cuando estaba en la presencia de un hombre creado como tal, sabía que había una distinción natural entre nosotros que ni siquiera la pesadez de mi voz podía deshacer. En la otra sala, su voz seguía haciendo retumbar las paredes. Cuanto más fuerte se volvía, más recordaba yo mi nombre.

CAPÍTULO 7

2007

SIEMPRE ME PREGUNTÉ si ella sabría que yo era gay. Hacía mi mejor esfuerzo de tratar a mi chica como a una simple amiga cuando estaba frente a ella. Aun cuando deseaba tomar a mi novia de la mano o mirarla detenidamente y con lujuria, o cuando quería observarla mientras se movía por la habitación, tenía que enterrar mis impulsos hasta que estuviéramos solas. Cualquiera con un poco de discernimiento habría olfateado la intimidad entre nosotras. Nos sentábamos demasiado cerca como para que fuera un accidente. En frente de los padres, nuestros abrazos parecían una puesta en escena. Sonreíamos diferente, con amor, en medio de conversaciones que no lo merecían. Las comisuras de nuestras bocas se demoraban antes de volver a su lugar después de una sonrisa. Cuando nuestras miradas se cruzaban, dábamos vuelta la cabeza con rapidez, como dos niñas a las que atrapan en un acto de desobediencia. Pero mi madre se daba cuenta. Veía todo.

Yo detestaba las tertulias radiofónicas, pero a mi madre le gustaba empezar el día con la radio. Madre e hija, jefa y empleada (trabajaba con ella en el mismo restaurante donde había conocido a mi padre 18 años atrás), íbamos juntas a trabajar por la mañana en el automóvil. Esta mañana en particular echaba chispas, como un miércoles con las cargas del lunes. El locutor hablaba, hablaba y hablaba sobre nada que me interesara. Por la ventanilla, las casas se sucedían en una nebulosa. Una distracción agradable para la irritante voz dentro del auto, que salía de los parlantes y hacía que mi madre musitara: «Mmm» y «Ajá».

Ahora, salía una voz distinta de los parlantes. Una mujer había estado hablando alrededor de un minuto. ¿Sobre qué? No lo sabía, pero al captar el final de su monólogo, supuse que estaba refiriendo una anécdota.

Estaba describiendo cómo se vestía una persona, cómo esa había sido la primera señal. Después, cómo esta persona tenía una amiga que iba a su casa, y que solo se iba para regresar al día siguiente, cuando no había clases. Hablaba de cómo las interacciones entre esta persona y su amiga eran extrañas, notables, a tal punto que le hacían levantar la ceja izquierda cada vez que esta amiga estaba con esta persona.

«¿Hablaste con tu hija sobre las cosas que observabas?», interrumpió el locutor. «Sí. Saqué el tema, pero ella lo negó.

Me dijo: "Mamá, es solo mi amiga". Pero yo no le creí. Yo sabía lo que era; tan solo esperaba que ella me lo dijera».

Mientras seguía mirando por la ventanilla, como para que no fuera tan evidente que mi atención estaba fija en la radio, escuché con renuencia cómo esta mujer describía a su hija. Su hija se parecía a mí (también se vestía como yo). La amiga de la hija se parecía a mi chica. Incluso la manera en que esta madre hablaba sobre cómo las miraba cuando estaban todas en la misma habitación me remontó a la sospecha que delataba la boca de mi madre cuando estaba cerca de mí y de mi novia. El locutor volvió a interrumpir: «Bueno, ¡gracias por participar! Bueno, tenemos padres que están llamando para responder a la pregunta: "¿Cómo supiste que tu hijo era gay?". Vamos con la próxima llamada…».

Mi madre subió el volumen.

Otra persona empezó a hablar de mí sin usar mi nombre, antes de que el volumen se desdibujara en silencio. Mi madre estacionó el auto. Tragué con dificultad y volví a mirar por la ventanilla; esta vez, para contener las lágrimas.

«¿Estaban hablando de ti?», me preguntó. Parecía segura de cuál sería la respuesta, y triste por tener que pedirla.

«Sí». Fue un *sí* quebrantado, pero sincero. Aunque parezca mentira, una vez que lo dije, me inundó el dolor.

Mi madre miró hacia fuera, intentando reunir fuerza de los árboles. «Lo sabía», susurró. Y yo sabía que así era.

Simplemente, no quería decirle la verdad hasta que ya no viviera bajo su techo. Junto al pasillo, dentro de mi habitación, en frente de la cama, en medio de las paredes, yo planeaba vivir en el clóset, tapada.

Todos mis amigos me seguían conociendo y amando. Nunca tenía miedo de sus rostros, ni de si me darían la espalda cuando admitiera quién era ante ellos. Su aceptación era fácil de conseguir… una moneda corriente que los amigos vendían y compraban antes de que sonara la campana. Sin embargo, otra mano fue la que abrió la puerta del clóset. Una voz, una descripción, un segmento en el momento perfecto que habló por mí.

Lo que no quería ver era su rostro. Supuse que decirle que era la novia de la hija de alguien la devastaría. Pensé que se sentiría traicionada. Podía verla imaginando mi boda: ella sentada en primera fila, un hombre y yo parados junto al altar, todo chamuscado hasta evaporarse en un mito. ¿Y los hijos? Ah, los hijos. Podía verla llorando por no poder ver crecer mi vientre. Si mi novia llevaba el bebé por las dos, cuánto la afligiría. Ver que su hija se comportaba como un padre destrozaría inevitablemente todos los sueños de normalidad. No quería ver la desilusión ni escucharla materializarse en palabras. Pero lo hice. No pude evitar escucharla exhalar con dificultad, antes de decirme: «Te amo. Hablaremos de esto más tarde».

Yo no quería hablar. Hablar era lo que había acarreado todo esto.

Haber «salido» era mejor de lo que pensaba. Los clósets fueron creados para la ropa, no para las personas. Afuera, podía respirar mejor, pararme junto a mi chica con mi mano en su cintura en público. Después de un tiempo, nos acostumbramos a que nos observaran como a luces en una habitación. Madres, padres, hijos, abuelos, hombres heterosexuales, chicas heterosexuales, empleados de tiendas, policías, gente en el ómnibus, gente caminando… todo el mundo nos miraba fijo. San Luis, bastante cercano a la cultura sureña de santidad o infierno, atravesaba el linaje de cada persona que nos observaba, y seguramente les hacía pensar que hacer una cara espantosa me llevaría a buscar una Biblia. Si no era por eso, miraban porque no podían evitarlo. *Qué extraño* —pensarían—, *dos mujeres enamoradas*.

En otros vecindarios, nos encontrábamos con amplias sonrisas… la misma clase de sonrisa que se veía junto al desfile veraniego de orgullo gay. Y vaya que era agradable verlas. Cuando las mejillas parecían tocar las orejas, se podía saborear la inclusión de su afecto y la audacia de su aprobación. Ellos también miraban fijo, pero de la misma manera en la cual los extraños miran a dos tórtolos que usan sus alas para abrazarse. Miraban para participar del amor, no para condenarlo. Con una amnesia cada vez mayor, lo que sabía que la Biblia decía sobre nosotras perdía importancia alrededor de esta gente. Su alegría contradecía mi conciencia al punto de la confusión. Confusión sobre cómo Dios podía desaprobar algo que hacía sonreír a una buena parte de las personas, heterosexuales y gays. Por más que quería creer que Dios sonreía cuando pensaba en mi vida, sabía que no lo hacía.

Mi conciencia me hablaba todo el día. Por la mañana, me recordaba a Dios. Minutos antes del mediodía, volvía a traerme a Dios a la mente. A la noche, subía el volumen. Mientras me preparaba para dormir y mi cabeza descansaba sobre la almohada, rodeada de la oscuridad natural de la noche, pensaba en Dios. Si algo había logrado mi curiosidad por la Escritura y leerla para matar el aburrimiento, era hacerme consciente de una verdad sobre mí y Él de la cual no podía despojarme por más que lo intentara. Yo era *Su* enemiga (Sant. 4:4). ¿Cómo podía yo, una enemiga de Dios, tener dulces sueños sabiendo que Él se quedaba despierto toda la noche?

Permitiendo que mi mente divagara en otra dirección, recordaba el amor y cómo Él *era* amor. Cuando parecía que Él estaba usando mi conciencia para hablar, recordaba a Jesús. Pensaba en Sus manos, haciéndoles señas a los pecadores para que se acercaran. Las agitaba hacia delante y hacia atrás continuamente, sin dudar, como si cada vez expresara: «Vengan. Vengan, por favor. ¿En dónde más podrán encontrar vida si no es a través de mí? Vengan todos los pecadores, vengan». Era exasperante intentar dormirme con tanto ruido en la habitación.

Mi prima Keisha era cristiana. Tenía pocos números de cristianos en mi teléfono, y menos aún a los que pudiera llamar para tener una conversación que no terminara con un monólogo sobre el libro de Levítico. Dios me estaba persiguiendo. Keisha ya lo conocía, así que esperaba que pudiera ayudarme a entender por qué. Él sabía que yo era gay, y ella también lo sabía. Entonces, ¿por qué Dios me estaba hablando tanto *a mí*? ¿Y qué podía hacer para lograr que se callara?

—Keisha... siento que Dios me está llamando.

—Bueno —pude percibir que asentía con la cabeza—. ¿Por qué lo dices?

—Porque... no sé... me da la sensación. Es como que, haga lo que haga, puedo sentir que Dios está tratando de llamarme la atención. Como si, incluso cuando soy como soy, puedo sentir lo mal que está.

—Mmm.

—Pero ese es el tema: no quiero tener nada que ver con Dios. Es decir, realmente no quiero.

Ella me conocía desde antes de que yo saliera del vientre, y me llevaba más de una década. Respiró hondo, como si orara para sus adentros pidiéndole a Dios que la usara, y me dijo: —He estado orando por ti. Cuando me dijiste que eras gay, me sentí culpable. Dije: «Dios, ¿podría acaso haber estado más presente en su vida?». Pensé que *tenía* que ser algo que yo había hecho mal. Pero Dios me dijo que tan solo orara.

No dije nada, porque no quería interrumpir su tren sincero de pensamiento. —Entonces, Dios me dijo que te entregara en Sus manos y que no me preocupara. Pero yo le expresé cuánto te amaba, que no sabía cómo simplemente soltar esto, ¿y sabes lo que me dijo? —soltó una risita, como si me preparara para el remate de un chiste—. Me dijo: «Yo la amo más que tú». Y desde entonces, simplemente he estado orando —volvió a reírse, como si supiera algo que yo no sabía—. No estoy preocupada por ti, Jackie. La mano de Dios está sobre ti y Él hará lo que tenga que hacer para mostrarte cuánto lo necesitas.

Después de que la conversación terminara con una oración, colgué incluso más confundida que antes. *¿Dios me mostrará cuánto lo necesito? ¿Me ama más que ella? ¿Y eso qué significa?*, pensé. Lo único que entendí era que alguien evidentemente había estado hablando con Dios sobre mí y esa era la razón por la cual no me dejaba en paz. Sin duda, lo que fuera que le estaban pidiendo respecto a mí estaba agitando mi pequeño mundo pecaminoso. Era vertiginoso vivir en este presente. Intentar pararme derecha (aunque supuestamente estaba «torcida») hacía que todo lo que amaba, en especial a mí misma y mi novia, se viera borroso. Nada estaba claro excepto la fuerte voz de Dios que decía: «Ven».

Empecé a fumar más de lo habitual porque eso mantenía a Dios a raya. El humo denso y sinuoso llenaba mi cuerpo y silenciaba la guerra, la verdad, la Escritura, las manos de Cristo, en especial cuando sangraban, estiradas y aun así recibiendo a los pecadores, incluido el que moría junto a Él. A menos que Sus manos pudieran tomar las mías y levantarlas hacia el cielo, señalando una rendición de la voluntad, no le daría nada más que resistencia.

«Lamento lo de tu papá». El mensaje de texto era sencillo y preciso, enviado por una amiga que se había enterado antes que yo, inconsciente de que sus condolencias me darían la noticia. Me quedé mirando la pantalla mientras leía las palabras, rogando que mis ojos las interpretaran de otra manera, con el corazón inmóvil. «¿A qué te refieres?». Mi respuesta era genuina. Este «lo lamento» podía deberse a muchas cosas. Tal vez se había enterado de la distancia entre mi padre y yo y lo lamentaba. O de la última vez que habíamos hablado, cuando él mencionó que nunca le decía «papi». No lo llamaba de ninguna manera. No había ningún pronombre afectuoso que pudiera describir cómo me había tratado. Esquivaba las palabras deshonestas como *papá, papi, padre* o *pá*, y pasaba directamente al tema que necesitaba abordar, asegurándome de mirarlo a los ojos para que supiera que le estaba hablando a él. ¿Acaso se estaría lamentando por la graduación a la cual él nunca había asistido, aunque vivía solo a quince minutos de distancia? ¿O porque únicamente recordaba su sonrisa a través del humo de una sola velita soplada en 18 cumpleaños? Un año había pasado entre nosotros desde la última vez que vi esa sonrisa torcida, la ceja rota y la voz obstinada de la cual había heredado toda mi rebelión inteligente. Pero ella no sabía nada sobre el último año o todos esos años. Lo único que sabía era aquello que yo no quería creer. Mi padre se había ido; esta vez, para siempre.

La noticia fue impactante. Algo dentro de mí siempre había esperado el día en que él me amara siempre en vez de algunas veces. Entré a mi habitación, me arrojé sobre la cama y mojé con lágrimas mi almohada. No era que no estuviera acostumbrada a su ausencia; sencillamente, no sabía cómo acostumbrarme a que ahora sería perpetua. Aunque salteábamos varios años a la vez, había algún llamado telefónico esporádico, una conversación reanudada. Aunque no pudiera verlo, saber que estaba respirando en alguna parte amortiguaba la intensidad de mi dolor cotidiano.

Probablemente porque casi no lo veía, una vez que se fue para siempre, no extrañé a mi padre. Sin duda, sería mucho más difícil extrañar a alguien que nunca estaba presente. Sin embargo, seguía haciendo el duelo por la muerte de la esperanza. Ahora, cualquier posibilidad de llamarlo «papi» había muerto. Después del funeral, la vida retomó su curso. Allí, recordé lo desconocida que era para las personas que lo conocían mejor que yo. A pesar de tener los mismos ojos, más de una vez me preguntaron: «¿Cuál era tu relación con Jeff?», y la respuesta requería un panegírico para entenderla. «Soy su hija», les decía. Mi sonrisa incómoda, con la misma cara de él, lo traía de vuelta a la vida.

Cuando terminó el entierro y los días que siguieron se apilaron lo suficientemente altos como para que pudiera ver otra vez, apareció una dificultad extrañamente inesperada y, en cierto sentido, autoinfligida. Después de perder a mi padre, la relación entre mi madre y yo se fue deteriorando por mi increíble falta de respeto. Ella tal vez fuera mi madre de nombre, pero para mí, no era más que otra fuente de autoridad para descartar. Estar en casa se fue haciendo más difícil, cada vez podía pasar menos tiempo allí, cada vez gastaba más dinero en bolsillos con aroma a marihuana, y me gané unas horas en una celda por ayudar a mis amigos a ponerse ropa que no habían comprado. Una noche, después de que mi auto, el cual había comprado un mes atrás, fuera remolcado a una calle de la casa de mi amiga, me quedé en su porche con una amiga. Mientras nos pasábamos un cigarrillo de marihuana, sacudí la cabeza ante lo que parecía ser la «palabra de ánimo» de Keisha que cobraba vida. «¿Acaso Dios está intentando llamar mi atención haciéndome la vida más difícil?», pregunté. Mientras soltaba humo entre preguntas, lo dije en voz alta, pero especialmente para que Dios lo escuchara y retrocediera. «O sea, ¿acaso *tanto* me quiere Dios?».

Como solo podría haber sido por gracia, así era.

CAPÍTULO 8

2008

LA TELEVISIÓN ESTABA ENCENDIDA. La sobriedad era un huésped indeseado. La noche anterior, mi novia y yo nos habíamos fumado toda la marihuana que había comprado para la semana. Debido a nuestra impulsividad, esa noche estaba libre de humo y mi mente no tenía distracciones. Acostada en la cama, tenía mi teléfono en la mano izquierda, al lado derecho, escondido en el hueco cálido del colchón, y la mano derecha sosteniendo la almohada que no me dejaba escuchar de un oído. Los pensamientos se despertaban durante los anuncios comerciales que no tenían nada importante para decir.

¿A qué hora tengo que trabajar mañana?

Voy a tener que llamar a mi amiga para que me lleve.

Me pregunto cómo anda su mamá.

Mi mamá seguramente está enojada conmigo por volver drogada a casa.

¿Dónde está el control remoto? A ver qué otra cosa hay en televisión.

Ella será tu muerte.

Me senté de un salto, como si hubiera visto un fantasma o sentido una mano en mi espalda. El pensamiento no fue audible, pero lo suficientemente fuerte como para interrumpir todo lo demás. Todas las otras conversaciones en mi interior se aquietaron y mi corazón se volvió pesado como un ladrillo. No tenía idea de dónde había venido esa frase. No podía rastrear su origen.

¿Habrá sido el diablo?

Nah, no creo que sentiría esta convicción si fuera el diablo.

Tal vez soy yo.

No puede ser que sea simplemente yo.

Pero está en mi mente, así que tiene que venir de mí.

Pero yo no lo pensé… simplemente, APARECIÓ.

O quizás fue Dios.

Supuse que el único que podía decir algo así era Dios. Al igual que una luz roja, estaba intentando advertirme. Advertirme sobre la muerte. Una muerte que supuestamente llegaría pronto debido a alguien que amaba. Al parecer, mi amor por una mujer era intenso como la muerte. ¿Me estaba diciendo esto porque quería que eligiera? ¿Que eligiera algo que, al contrario, me daría vida? Él era vida, o al menos eso era lo que el predicador había dicho aquella vez. Si ese era el caso, ¿entonces quería que lo eligiera *a Él*? Elegirlo implicaría dejarla. No me parecía una transacción justa. En mi mente, elegir a Dios era lo mismo que elegir la heterosexualidad. Se transformaría en un mandato santo. Me parecía lo mismo que la sobriedad le resulta a un alcohólico nacido de nuevo, y ¿quién quiere vivir así? ¿Estar en una relación con un hombre para agradar a Dios?

Ahora sé algo que entonces no sabía. Dios no me estaba llamando a ser heterosexual; me estaba llamando a ir a Él. La decisión de dejar de lado mi pecado y aferrarme a la santidad no era sinónimo de heterosexualidad. Dada mi comprensión previa de Dios, según lo que me habían dicho los pocos cristianos que conocía, elegir a Dios sería inevitablemente elegir a los hombres. Aun si una preferencia por los hombres se transformaba en una manera de espantar la homosexualidad sin la ayuda de Dios, suponía que eso sería lo que más le agradaría. Que, cuando me miraba, veía una esposa antes que una discípula. Pero Dios no era un capellán de Las Vegas ni una madre impaciente, decidido a mandarme un hombre para «curar» mi homosexualidad. Él era Dios. Un Dios que estaba en busca de todo mi corazón, desesperado por hacerlo nuevo. Comprometido con transformarlo a Su semejanza. Al volverme santa como Él, no me transformaría milagrosamente en una mujer a la cual no le gustaban las mujeres; me transformaría en una mujer que amaba a Dios más que a nada. Si alguna vez, llegaba el matrimonio[4] o si me tocaba la soltería, Él quería garantizar con la obra de Sus manos que viviera cualquiera de estas situaciones para Él. (Para mi propia sorpresa, años más tarde, el matrimonio sí llegó. Pero Dios no me llamó para que encontrara a un hombre al cual amar. Ni siquiera para vivir como si la atracción al mismo sexo no fuera una realidad; me llamó a amar a Dios con todo mi corazón, con todo mi ser y con toda mi mente [Mat. 22:36-37]).

La idea de la muerte era tan real que trastornó de inmediato mi mente. Era como si Dios se hubiera arrojado dentro de mi mundo con un gesto inmediato, mientras yo miraba cómo todo se desmenuzaba, salía volando y caía como una lluvia, todo a la vez. Mi conciencia estaba siendo testigo de la verdad, y ya no podía negarlo. Habría sido una pérdida de tiempo. Tiempo que sabía que no me pertenecía. Esta muerte estaba más cerca de mí que mi piel. El predicador, entre breves ostinatos de tenor, le dijo a nuestra congregación que la paga del pecado es la muerte. Al recordarlo, consideré: *¿Entonces no hacía tiempo ya que estaba muerta?*

---

[4] Para leer más sobre esto, ver «La atracción por personas del mismo sexo y el evangelio heterosexual» en la página 189 de este libro.

Toda mi vida, había estado pecando. Pero no estaba viva… tan solo respiraba. Y Dios quería que lo creyera incluso antes de que eso terminara. Sabía que demandaría que dejara a mi novia específicamente, pero me vinieron más cosas a la mente además de ella.[5] *¿Qué más estaba amando que me llevaría a la muerte?*, me pregunté. Tenía que haber otros verdugos que había transformado en mis amantes. Mientras pensaba, me vinieron a la mente más pecados. Qué fácil es recordar tus pecados cuando te das cuenta de que ya te han condenado. Como un tubo de papel picado que explota y sale volando para todas partes: el orgullo, la lujuria, la pornografía, las mentiras, la deshonra a la autoridad y el lesbianismo aparecieron enseguida. Eran los pecados más evidentes. Tenían ropa vistosa y zapatos brillantes. Pero cada uno de ellos surgía de una raíz: un pecado orgánico que crecía, se ramificaba y se transformaba en el fruto con semilla para todos los demás pecados.

> La incredulidad: yo estaba colgada de este pecado,
> culpable de lo acusado.

Nunca había llegado a cambiar de canal. No había notado la conmoción en la televisión, mientras el cuarto se volvía

---

[5] Para leer más sobre la visión bíblica de las relaciones entre personas del mismo sexo: *What Does the Bible Really Teach about Homosexuality?* [¿Qué enseña en realidad la Biblia sobre la homosexualidad?], de Kevin DeYoung.

demasiado irreal como para distinguir algo. No sabía cómo rotular este momento. Nunca me habían explicado la rendición de esta manera. No había ningún banco de iglesia cerca, con música emotiva que me atrajera a levantarme. No había ningún predicador que aullara la Escritura desde un micrófono inalámbrico, con el brazo izquierdo haciendo señas para que esta pecadora se acercara. No tenía frente a mí ningún pasillo que me llevara hasta un altar donde dejar mis pecados. No importaba; lo más probable era que mis pecados igual no hubiesen entrado en un altar común. Tan solo estábamos mi habitación, Dios y yo.

No hacía más de 24 horas que mi novia y yo habíamos abierto el corazón y compartido nuestras cargas. No conocía ningún otro santuario donde sentirme segura. Sus ojos, como ventanas con vitral, dejaban entrar la luz del sol. Ella iluminaba mis días.

Era una oración respondida que Dios me prohibía pronunciar. La amaba, pero según Dios, nuestro amor no era distinto de la muerte. *¿Por qué Dios quiere alejarme de esto?*, volví a pensar. *¿Acaso Él no es amor?* ¿No sería el que más tendría que entender? En especial, la manera en que el amor hacía que todas Sus criaturas se sintieran un poco más como Él cada vez que estaban *inmersos* en él.

Por otro lado, si Él era amor, la personificación del amor sin la más mínima arruga en Su túnica, aquello que el amor es cuando no hay diablo que pueda interferir… entonces todos los demás amores seguramente eran un amor menor, en el mejor de los casos. ¿Podría ser que Dios no quisiera que siguiera viviendo con la convicción de que estas formas inferiores de «amor» eran el amor verdadero?

Tal vez este amor del cual Él rebosaba se estaba derramando en Su trato conmigo. Y quizás este amor lo impulsaba, mediante la gracia y un amor inmerecido, a ayudarme a ver que cualquier persona, lugar o cosa que amara más que a Él no podían cumplir Su promesa de amarme eternamente. Y mi corazón tampoco había sido creado para ellos. Al contrario, me harían lo que hace todo el pecado: separarme de Dios y, por ende, del verdadero amor, para siempre. Serían mi muerte.

Permitir que mi sexualidad me gobernara era una sentencia de muerte, pero también lo era todo lo demás. Antes de esa noche, nunca me había considerado con pretensiones de superioridad moral. Las típicas personas de la iglesia, con sus narices paradas y sus faldas largas, que se pavoneaban como si hubieran nacido salvas, santificadas y llenas del Espíritu Santo, eran las que encajaban en esa descripción; yo no. Ellas eran las que se habían olvidado de que sus harapos eran inmundos, incluso si su ropa estaba limpia. Habían olvidado que era imposible sobornar a Dios con buenas obras y sombreros elegantes. El cielo solo les abría las puertas a aquellos a quienes

Jesús escoltaba, pero estas personas se invitaban solas bajo la pretensión de justicia.

Pero, sin saberlo, a mí también me había influenciado esta levadura. Solía pensar que, si tan solo pudiera ser heterosexual y dejar de lado mi homosexualidad, Dios me aceptaría y me contaría entre los Suyos. El engaño era que solo un aspecto de mi vida era digno de juicio, mientras que el resto merecía el cielo. Que mis otros vicios «no eran tan malos». Eran sencillamente luchas que *yo* tenía que resolver, en lugar de arrepentirme.

Quizás esta forma de pensar farisaica sea la razón por la cual la salvación ha eludido a muchos que sienten atracción por personas del mismo sexo. Los oirás decir que han buscado la ayuda de Dios en esta cuestión. Le han pedido que los haga heterosexuales y, según ellos, Él les ha negado el acceso a los milagros. Como Dios no tomó sus deseos homosexuales y los reemplazó por otros heterosexuales, su única opción es ir donde sus afectos los lleven. El error es el siguiente: se han acercado a Dios creyendo que solo una fracción de su persona necesita salvación. Así, no han reconocido que todo el resto también necesita ser restaurado. Es como si se acercaran a Dios y le ofrecieran solo una porción de su corazón, como si Él no tuviera derecho a tomarlo todo, o como si lo que no se le entrega pudiera hallar satisfacción sin Él.

Un examen exhaustivo de mi propio corazón, guiado completamente por el Espíritu Santo, me permitió ver algo que no había notado jamás: no solo necesitaba libertad de la homosexualidad, sino de todo el pecado. Tenía una necesidad integral de Dios. Pero, aun así, no lo conocía demasiado. No sabía si, cuando desnudara mi corazón ante Él y lo vaciara de toda forma de seguridad y amor que había conocido, Él sería lo suficientemente grande como para volver a llenarlo. Sabía que lo llenaría consigo mismo; era un Dios demasiado celoso como para no hacerlo. Pero ¿acaso todo lo que Él es sería suficiente? Aquello que Él llamaba ídolos había sido una especie de gozo para mí. En Él, ¿encontraría acaso alguno mejor? O quizás, tal vez no solo me diera gozo, sino que *sería* mi gozo.

Todavía no me había movido del lugar donde estaba en la cama. Algo santo estaba sucediendo ahí y en ese momento. El Dios que hizo la luz para que brillara en la oscuridad estaba haciendo esta obra en mí. Esta obra de romper y superar la ceguera a la cual nací abrazada. Empecé a encontrarle sentido a Jesús. Es decir, Él es Dios.

El Jesús sobre el cual me habían hablado mis maestros de la escuela dominical podía caminar sobre el agua. Podía hacer un hombre utilizando el polvo y usar tierra para quitar el velo a ojos entenebrecidos. Los ángeles lo adoraban. Satanás no podía vencerlo. Siempre había estado vivo. En ningún momento de la eternidad había necesitado de otro para ser todo lo que era.

Nada podía compararse con Él, ni en el cielo ni en la tierra. Todo lo bueno provenía de Él.

¿Cómo yo podía gloriarme en algo creado, cuando estaba hecho de la misma sustancia que formaba todo lo que soy, mientras que Él es bueno, santo, misericordioso, celoso, sabio, perfecto, amor, admirable, trino, maravilloso, magnífico, hermoso, espléndido y extremadamente excelso? ¿Cómo podía vivir para algo que fue hecho como si no fuera a volver al lugar de donde salió, cuando Él, Dios en Cristo, vino del cielo por *mí*, de entre todas las personas?

¿Quién le dio a la misericordia mi dirección? ¿O le dijo cómo llegar hasta mi habitación? ¿Acaso no sabía que allí vivía una pecadora? Mientras avanzaba por el pasillo, ¿el olor a ídolos no tendría que haber evitado que sus pies se acercaran? Entonces, recordé un versículo de la Biblia que sabía de memoria. «Porque tanto amó Dios al mundo que dio a su Hijo unigénito, para que todo el que cree en él no se pierda, sino que tenga vida eterna».

La misma Biblia que me condenaba contenía las promesas que podían salvarme. Sencillamente, tenía que creer. Tenía que creer en lo que decía sobre Él: Dios. Jesús tenía a los culpables en mente mientras colgaba en lo alto con los brazos extendidos. Allí, murió en mi lugar, por mi pecado. Él, con el cuerpo desnudo y el rostro concentrado en el gozo, se volvió como un cordero sacrificado bajo la ira de Dios. Uno pensaría que Su Padre tendría una memoria mejor. ¿Acaso no sabía que esa ira era para mí? Hasta tenía mi nombre. Pero Él sabía. Su justicia no le permitiría olvidarlo. Su amor era lo que quería que yo conociera y recordara, y lo hice.

«Lo que me estás llamando a hacer, no puedo hacerlo sola, pero sé lo suficiente sobre ti como para saber que me ayudarás», le dije a Dios, mi nuevo amigo. No sabía que la confesión de mi incapacidad de agradarle y el darle la espalda a los pecados que antes abrazaba era arrepentimiento. Tampoco me di cuenta de que mi resolución de creer que Él podía ser para mí lo que nadie más podía ser era fe. Pero lo era. Sin pedirme permiso, un Dios bueno había venido a rescatarme.

PARTE 2

En quién me transformé

CAPÍTULO 9

2008

AL DÍA SIGUIENTE, llegué al trabajo como una nueva criatura. Aunque mi alma estaba totalmente cambiada, mi ropa era la misma. Mi uniforme extragrande, con su camisa oscura abotonada y los pantalones negros sobredimensionados, ya no me resultaba normal. Mi mejor amigo y compañero de trabajo, Mike, mi miró y me dijo: «Pareces distinta». «¿A qué te refieres?», respondí, considerando que mis calzoncillos *boxer* todavía estaban a la vista y que seguía teniendo el pecho aplanado por un sostén deportivo demasiado pequeño. «No sé… es que estás… más radiante». Tal vez notó que el velo había sido quitado, pero no sabía cómo llamarle a eso.[6]

Me resultó extraño regresar al mundo después de encontrarme con Dios. Apenas dos días atrás, coqueteaba con muchachas en mi recreo para almorzar. Pero ahora, sabía que

---

[6] 2 Corintios 3:16.

Dios estaba mirando. No era que antes no me hubiera visto; la diferencia era que ahora me importaba.

Poco después del ajetreo de la hora del almuerzo, cuando las hordas de oficinistas transformados en caterva por fin volvieron a sus cubículos, me indicaron que pasara de la zona de preparación de alimentos a la caja registradora. Trabajar en la caja te colocaba bien cerca de las personas... justo lo que alguien introvertido como yo hubiera evitado a toda costa. En medio de una conversación intrascendente con un cliente cuyas preguntas superaban mi paciencia, observé a una chica parada en la fila. Era hermosa. Si hubiera sido cualquier otro día, me habría quedado mirándola fijo hasta que se diera cuenta. Incluso si no era gay, siempre tenía la seguridad de que yo podía ser la motivación que ella necesitaba. Si me respondía con una sonrisa, sería su manera de decirme la verdad sobre sí misma sin pronunciar palabra. Pero hoy, no podía mirarla fijo. Bueno, podía. La salvación no había hecho que mis ojos dejaran de funcionar ni que la belleza de esta chica desestabilizara el lugar. Sin duda, podría haber hecho lo que siempre hacía: permitir que este cuerpo me gobernara. Sin embargo, dentro de mí había otro amo sentado: Alguien que tenía que ver con una tumba vacía y un Salvador resucitado.

Verás, después de que Jesús fue crucificado, colocaron Su cuerpo en la tumba de un hombre rico que todavía no había muerto. La conclusión evidente de todo el que sepa algo sobre la permanencia de la muerte sería que el cuerpo de Jesús estaría allí para siempre. O, al menos, hasta que se transformara en polvo y colapsara sobre sí mismo por la descomposición. Pero, como siempre sucede, Dios hizo lo que dijo que haría. Resucitar. Cuando algunos de los seguidores de Jesús fueron a la tumba unos días después de que lo habían puesto ahí, quedaron impactados al no encontrarlo. *Acababa* de estar ahí. Estaba muerto. Las cosas muertas no desaparecen. A menos que el cuerpo muerto ya no esté muerto sino vivo, como había estado antes. Pero eso implicaría que algo o alguien más grande que la muerte hubiera estado ahí para ayudar.

La muerte era el Goliat que ninguna piedra podía vencer, y el Mar Rojo que ninguna vara podía abrir. Dios se había referido a su llegada como la consecuencia adecuada e inevitable del pecado. Desde el cuerpo de muchos años y aun así muerto en vida de Adán hasta la muerte por decapitación de aquel que tenía manos indignas y una voz que clamaba en el desierto, la muerte había reinado. Hasta que llegó Dios. Tres días después de que Cristo entregó Su vida, se levantó, literalmente. El fastidio que la muerte implicaba para todos los muertos y los vivos había sido vencido. Y Jesús, como no era ningún desordenado, juntó el lienzo que le habían colocado en el rostro, lo dobló y lo colocó sobre la superficie donde lo habían acostado. Tal vez esta fuera una metáfora. Todos los que entraran allí verían que un lugar al cual Jesús ha entrado nunca queda igual.

Tiempo después, Jesús se les apareció a Sus discípulos en forma corporal. Porque no hay resurrección que no incluya el cuerpo. Después de mostrarles Sus manos y Sus pies para demostrar que era ciertamente Él, en carne y hueso, les dijo: «Ahora voy a enviarles lo que ha prometido mi Padre; pero ustedes quédense en la ciudad hasta que sean revestidos del poder de lo alto» (Luc. 24:49). La promesa y el poder eran la misma cosa. Jesús había prometido no dejar huérfanos a Sus discípulos, pero, en cambio, les enviaría a la tercera persona de la Deidad, el Espíritu Santo. Cuando llegara el Espíritu Santo, recibirían poder. El mismo poder que entró a la tumba de Jesús y desató cada uno de Sus miembros de las cuerdas de la muerte. Asegurándose de no descuidar el corazón ni el cerebro, los órganos silenciosos comenzaron a entonar otra vez una nueva canción, y la piel despertó y recuperó su antiguo color. Los músculos y los huesos reunieron fuerzas otra vez y siguieron la guía del Espíritu, inspirando vida. ¿Qué ser humano ha visto semejante poder? Es cierto, hemos tenido el privilegio de conocer otras formas de poder. Como cuando vemos al mismo sol salir día tras día y año tras año, sin la más mínima indicación de que algún día se caiga. O cuando nos hemos deleitado en ver el océano volver sobre sí mismo, y nos preguntamos: *¿Qué será lo que evita que se vuelva sobre mí?* ¿Cómo puede ser que el agua, una sustancia inerte, sepa más que yo sobre la sumisión? O la gravedad. La clase de poder que ha evitado que nos transformemos en aves sin alas y sin la capacidad de aterrizar. Estas demostraciones terrenales de poder tienen una fuente celestial: Dios (Col. 1:17). Y Dios, a través de Cristo, me había dado este mismo poder.

Ella seguía en la fila. El muchacho parlanchín ya se había ido, pero todavía había varios clientes entre ella y yo. Intentaba prestar atención a lo que pedía la persona que tenía delante, pero no podía evitar notar su sonrisa más atrás. Y, al mismo momento, percibí en mi interior un conflicto de intereses. Allí estaba ella, más bella imposible. Sin duda, podía conseguirla si quisiera… y *quería*.

Pero también quería otra cosa: a Dios. En mí, había una extraña convicción de que Él quería que transitara otro camino, de que había otra belleza que había creado para que me deleitara, y yo no sabía qué hacer conmigo misma. Hacía menos de 24 horas que era Su hija, y ya me estaba cambiando. *¿Esto es lo que se siente ser cristiano?* —pensé— *¿Se trata de tener una guerra silenciosa en tu interior todo el tiempo?*

Desear a Dios más que a una mujer era una experiencia completamente nueva para mí. Ni siquiera era algo que había considerado que fuera parte del cristianismo; ni hablar del cristiano. Me parecía que era una religión *exclusivamente* de deberes. Había conocido a tantos discípulos que predicaban más sobre el pecado que sobre el gozo, cuyos ojos estaban atascados en un estado constante de solemnidad, con los dientes apretados y una fascinación interminable con la santidad. ¿Por qué nunca habían mencionado la felicidad que venía con la justicia, o cómo llevar la cruz sería una práctica para obtener deleite; para deleitarse en todo lo que Dios es? Incluso su Salvador tenía este gozo en mente mientras soportaba la cruz. Entonces, ¿por qué no se habían concentrado en hacer lo mismo? En su defensa, no se los podía culpar por mi incredulidad. Tan solo me pregunto si habría enterrado mis ídolos más rápido si me hubieran hablado sobre la belleza de Dios en la misma medida, sino más, de lo que me hablaban de lo horrendo del infierno.

Pude *desear* a Dios porque el Espíritu Santo deseaba mi afecto tanto como mi obediencia. El inquilino que ocupaba el espacio antes tenía la misma motivación, el mismo objetivo de volver mi corazón hacia algo (o alguien) para llenarlo de eso. Jesús hablaba de mí cuando dijo: «La luz vino al mundo, y los hombres *amaron* más las tinieblas que la luz, pues sus acciones eran malas» (LBLA). El pecado había tenido mi atención porque tenía mi corazón. Así, no solo soportaba el pecado, sino que lo amaba. Me deleitaba en él. Lo adoraba. Encontraba maneras de enviarle uno o dos ramos de rosas, para que supiera que estaba pensando en él. Pero esta capacidad de amar no me fue dada en vano. No sea que alguien vaya a creer que, para no tener pecado, no hay que tener amor. La intención detrás de mi capacidad de amar era que pudiera prodigarle este amor a la Persona más hermosa que existe, y en Él, mi amor estaba seguro. Cuando el Espíritu Santo hizo Su hogar en mí, arrancó las persianas y dejó entrar la luz. No solo pude ver a Dios y Su gloria con una sonrisa en mi rostro, sino que también distinguí al pecado como el mentiroso que era. La luz tiene la capacidad de recibir a la verdad y permitirle que se ponga cómoda, lo cual a su vez significa que cualquier cosa diferente, aunque se invite a entrar, no se sentirá lo suficientemente cómoda como para quedarse.

Ella estaba cada vez más cerca, y yo no tenía idea de qué hacer. Era bien consciente de que quería elegir a Dios, pero no sabía cómo. Y por más que quisiera, *¿podría* hacerlo? Había tenido muchos momentos después de algún avivamiento en la iglesia, cuando intentaba dejar de pecar. Pero después de uno o dos días, descubría que mi poder de resistir el pecado era tan débil como el de un niño que intenta contener un huracán. Ante mí, tenía la oportunidad de hacer lo que siempre me había resultado fácil. Mi mente estaba más que lista para tomar el cuerpo de esta chica y estrujarle toda la dignidad. Mi boca estaba ansiosa, a la espera del visto bueno. Sabía bien cómo pedirles a los demás que negaran a Dios junto conmigo. Pero permanecí allí, en silencio. Todavía no sabía ningún versículo para citar, pero supuse que debía orar. «Dios, ¿puedes ayudarme? Amén».

Mi cliente actual estaba meditando para decidir si quería una porción extra de pepinillos o de cebollas. «Las dos cosas es demasiado», se dijo mientras me miraba. Mientras tanto, lo que antes había requerido de un sumo sacerdote y un cordero, ahora estaba a mi disposición en medio de un restaurante de comida rápida. Por supuesto, los transeúntes no notarían el templo, el velo ni la sala del trono de Dios. Solo me veían a mí, la chica de la caja, y a un cliente indeciso. Pero yo estaba allí, con el rostro y el cuerpo inclinados ante Él. Sus pies estaban a centímetros de mis manos, y levanté el rostro lo suficiente como para notar la misericordia y la gracia que caían sobre mí. De repente, estaba de vuelta, con la misma tentación y con el poder de otra persona.

Cuando la salvación ha ocurrido en la vida de alguien bajo la mano soberana de Dios, esa persona es liberada del castigo del pecado y de su poder. En un cuerpo sin el Espíritu, el pecado es un rey inamovible, de cuyo dominio no puede escapar ningún hombre. Todo el cuerpo, con sus miembros, afectos y mente, se somete voluntariamente al gobierno del pecado. Pero cuando el Espíritu de Dios vuelve a tomar el cuerpo que creó para sí mismo, lo libera del amo lastimoso que lo tenía cautivo y lo suelta a la maravillosa luz de su Salvador. Entonces, no solo puede desear a Dios, sino que es *capaz* de obedecerle. ¿No es acaso eso lo que tiene que ser la libertad? La habilidad de no hacer lo que me agrada, sino el poder de hacer lo que es agradable.

La caja registradora estaba abierta. Me quedé mirando las monedas, los billetes arrugados y las tarjetas de regalo que estaban en su interior. Cualquier cosa que me ayudara a distraerme e impidiera que la lujuria se tragara mi mente. La chica bonita había pedido en otra caja y estaba esperando su comida, mientras Dios me sostenía en presencia de ella. Esta prueba sería la primera de muchas; en diversas ocasiones, fallaría, y en otras, vencería, pero aprendí algo esa vez. Dios estaría allí para ayudarme.

Lo que más extrañaba eran sus ojos. Recordarlos implicaba recordar todo lo demás. Cuando no era ella, el deseo en sí era lo que me volvía loca. Lo único que anhelaba era *abrazar* a una mujer, tan solo una vez. Deseaba ardientemente la interacción que les da a las lesbianas su nombre. Aquel afecto que no había disminuido por el nuevo nacimiento, sino que parecía haberse intensificado. Como si la resistencia hiciera que la cosa resistida fuera un monstruo aún más grande que antes. Para mi sorpresa, ser cristiana me libró del poder del pecado, pero de ninguna manera quitó la posibilidad de la tentación.

Una mentira común y generalizada es que, si la salvación ha llegado verdaderamente a alguien que experimenta atracción por personas del mismo sexo, entonces esa atracción debe desvanecerse al instante. Suponen que la limpieza de Jesús te hace inmune a la seducción del pecado. Sabemos que esto no es cierto gracias a Jesús. Él fue completamente perfecto, pero experimentó la tentación: «Porque no tenemos un sumo sacerdote incapaz de compadecerse de nuestras debilidades, sino uno que ha sido tentado en todo de la misma manera que nosotros, aunque sin pecado» (Heb. 4:15). Entonces, sería de esperar que todo el que lo siga como Señor siga sintiendo el impulso de hacer lo que no debe. Que, a veces, perciba en su cuerpo la tentación de obedecerle *a eso* en lugar de a Dios. Yo (al igual que todos los seres humanos) tenía la desventaja única de haber sucumbido a las pasiones del cuerpo con tanta facilidad y frecuencia antes de Cristo que, después de someterme a Su señorío, aprender a experimentar la atracción homosexual y no actuar en consecuencia era frustrante. Para mí, hubiera sido más fácil que, cuando Dios me limpió de mi pecado, también me hubiera sacado de la boca el gusto por estas cosas. Pero incluso Él podía entender la gracia necesaria para huir de un banquete insípido, de una manera mucho más profunda que yo.

C. S. Lewis escribió:

> Un hombre que se rinde a la tentación después de cinco minutos, sencillamente no sabe qué hubiera pasado una hora después. Por eso los malos, en un sentido, saben muy poco de la maldad. Han vivido una vida protegida porque han cedido siempre a ella. Jamás averiguamos la fuerza del impulso del mal dentro de nosotros hasta que intentamos luchar contra él, y Cristo, porque fue el único hombre que jamás cedió ante la tentación, es también el único hombre que sabe absolutamente lo que la tentación significa... el único realista total.[7]

Entre muchas diferencias, una entre Cristo y yo era que, ante cada tentación, Él nunca cedió, ni una vez. El pecado jamás podrá afirmar que logró que las rodillas de Cristo cedieran ante su peso, porque había una santidad impenetrable que lo mantenía derecho siempre. Incluso en las últimas horas antes de Su muerte, cuando podría haber elegido otra voluntad, otra copa para beber, Él, tal como había hecho siempre, se colocó a sí mismo y los deseos de Su cuerpo bajo la hermosa voluntad del

[7] C. S. Lewis, *Mero cristianismo* (1952; reimp., Nueva York: HarperCollins Publishers, 2014), edición Kindle, pos. 1895 de 3017.

Padre, mostrándonos a todos que el cuerpo no tiene por qué tener la última palabra en nuestra vida.

Como todavía la extrañaba (y en realidad, a las mujeres en general), sentí deseos de mirar al cielo para decir adiós. Mi espalda, que mostraba señales del desgaste de la cruz que acarreaba a diario, estaba cansada. La tierra empezó a parecerse al cielo y Dios a una nube que se iba desvaneciendo. Encerrada en un cuarto trasero en el trabajo, le dije a Dios en mi mente, donde nadie más que Él pudiera escucharme: «Señor, esto me cuesta mucho. Tengo muchas ganas de volver atrás. Ayúdame, por favor». Me quedé allí, enderezada por una interrupción familiar. En silencio, escuché y me vino a la mente esta frase: «Jackie, tienes que creer que mi Palabra es verdad, incluso si contradice lo que sientes».

La tentación me estaba sacudiendo como una muñeca liviana en manos de una niña imaginaria. Dividida entre la diversión y la muerte, ¿en quién decidiría confiar más? ¿Lo que la tentación quería que creyera o lo que Dios ya me había revelado? La lucha contra la homosexualidad era una batalla de fe. Ceder a la tentación habría sido ceder a la incredulidad. Decidir que el cuerpo importaba más que Dios, o que el placer del pecado me sustentaría mejor que Él. Era increíble lo real y tangible y persistente que podía ser, pero su poder era una ilusión. Jesús ya había demostrado que era posible vencer la tentación, y ya me había prometido ayudarme cuando acudiera a Su trono de gracia.

Dependía de mí creerle o no. Su palabra tenía autoridad, era activa y filosa. En ella, Dios habló y nos mostró cómo es Él; cuánto mejor es que cualquier cosa que haya creado; lo adecuado que es para ser nuestro gozo, nuestra paz, nuestra porción; cómo confiar en Él, incluso un poquito a la vez, movería montañas… y la más grande de todas era yo. Esta Escritura era un arma, una espada, que derrotaría a la carne si la usaba. Mi fe en ella sería un escudo, y cuando lo colocara frente al cuerpo, discerniría todos los ataques satánicos. Pregúntale a cualquier persona si alguna vez ha mentido, y no encontrarás a ninguna que pueda decir: «No, nunca lo he hecho». Pero Dios no es un hombre para que mienta. Todo lo que ha dicho o diga es verdad. La simpleza de la fe es esta: creerle a Dios. Y tal vez no haya sentido deseos de hacerlo, pero no tenía más opción que creerle.

CAPÍTULO 10

2008

MI ROPA ERA PRESTADA, otra vez. Esta vez, era ropa de mujer. No recuerdo si eran pantalones vaqueros ceñidos u holgados, una camiseta ajustada o una camisa abotonada, pero recuerdo que era increíblemente incómoda.

Entramos a la iglesia, sin saber qué esperar. Era bastante pequeña, más bien del tamaño de una habitación grande, en lugar del típico santuario estadounidense... lo cual podía ser algo bueno o malo. Los cristianos que había conocido siempre me habían mirado como si fuera una especie de fantasma. Yo nunca me había considerado una criatura exótica ni intocable, pero ese parecía ser el caso cada vez que me juntaba con «cristianos». O no se daban cuenta de mi existencia o decidían no prestarme atención, como para evitar hacer contacto visual y verse en la obligación de reconocer mi presencia. Había también quienes me veían y se quedaban mirándome... nunca me hablaban; tan solo observaban, como un niño estudia un insecto. Esperaba que estas personas fueran distintas, distintas como Jesús.

Había olvidado que las mujeres usaban ropa demasiado pequeña. Pero no quería lidiar con las miradas fijas ni con la vergüenza que acarrearía vestirme como siempre lo hacía, así que acepté vestirme de otra persona, al menos hasta que terminara la reunión.

«¡Buen día!», me dijo una mujer con una sonrisa de domingo por la mañana mientras me dirigía a mi asiento. «¿Cómo te llamas?», me preguntó con un tono radiante y creíble. «Jackie», contesté. No dije más porque era demasiado cautelosa como para decir más de lo que me pedían. Esta interacción me producía ansiedad. No sabía en qué devendría si continuaba. Entonces, ella hizo algo inesperado.

Me miró a los ojos, libre del cinismo de los demás, y asintió con la cabeza mientras repetía mi nombre. «Jackie», repitió, pero principalmente para ella. Estaba claro que quería recordarlo. No quería que pasara como si nada, sino mantenerlo cerca. Nunca había conocido a un extraño que quisiera saber mi nombre como si importara. Mi sexualidad había sido mi nombre durante tanto tiempo que fue placentero que alguien me tratara no según mis supuestos pecados sino de acuerdo a la identidad que mi mamá me había dado. Con ella, no me sentí como un proyecto a resolver, sino como una persona para amar. Las dos horas que siguieron estuvieron llenas de «aleluyas», la canasta para el diezmo y frases como «abran sus Biblias en tal y cual lugar». Todo esto me ayudó a ver otro lado de este grupo de personas con las que nunca me había sentido segura; pero, para mi sorpresa, no fueron los programas ni la predicación lo que empezó a disipar mi desconfianza de la iglesia. Fue la mujer que supe que recordaría mi nombre, si alguna vez decidía regresar.

La comunidad gay se llama así por una razón. *Es* una comunidad. Un colectivo de personas con distintos nombres, situaciones sociales, hábitos alimenticios, educación y más, pero con algo en común que comparten y que supera a las demás diferencias: su sexualidad. Lo que el mundo alrededor trata con desprecio es entre ellos el apretón de manos secreto, el chiste privado, la sonrisita con una mirada íntima que confunde a la mayoría pero que a ellos los une.

Los que se pasaban los días dentro del clóset salen a jugar cuando están rodeados de la seguridad de ojos que no juzgan. Los libres, aquellos que fueron lo suficientemente audaces como para decirles a sus padres con los cuales compartían el apellido que amaban de una manera distinta de la esperada, solían ser el alma de la fiesta. Después de la fiesta, todos sabíamos que era hora de regresar a la tierra de la heterosexualidad, donde el clóset nos ofrecería refugio de la carga de la franqueza, o donde necesitaríamos encontrar cierta medida de valor para ser simplemente lo que sabíamos que éramos. Semental, fem, *trade* o bi podían ser las distintas identidades que nos hacían diferentes unos de otros. Sin embargo, todas estaban atravesadas por un hilo que nos unificaba. Éramos gays juntos.

Así que abandonar esa comunidad por otra era aterrador; en especial, cuando la transición era a una comunidad que parecía cualquier cosa menos segura. Sin embargo, el grupo de cristianos que empecé a conocer y a disfrutar hizo más por mí de lo que la comunidad gay jamás podría haber hecho. Me mostraron a Dios. La comunidad que fue mi hogar durante un tiempo estaba llena de risa y de lo que yo había rotulado «vida». Pero la realidad era que mi comunidad gay era absolutamente inerte. Estaba como yo en ese momento: muerta. Sus integrantes seguían siendo portadores de imagen, seguían siendo amigos, seguían importando. Yo los seguía amando, pero amaba más a Dios. No podían ayudarme a amar a alguien que no conocían. La diferencia entre la comunidad gay y la comunidad cristiana no estaba en la habilidad, el intelecto, la comodidad, el humor o la belleza; estaba en la realidad de que Dios habitaba en una y no en la otra.

> Pues por medio de él tenemos acceso al Padre por un mismo Espíritu. Por lo tanto, ustedes ya no son extraños ni extranjeros, sino conciudadanos de los santos y miembros de la familia de Dios, edificados sobre el fundamento de los apóstoles y los profetas,

> siendo Cristo Jesús mismo la piedra angular. En él todo el edificio, bien armado, se va levantando para llegar a ser un templo santo en el Señor. En él también ustedes son edificados juntamente para ser morada de Dios por su Espíritu (Ef. 2:18-22).

A una comunidad de personas que conocen a Dios no se la puede considerar común. Lo que antes pensaba que era un colectivo de cristianos prosaicos y corrientes se había transformado en un milagro en forma corporal. Cada conversación podía, en cualquier momento, ser una oración respondida o una zarza ardiente durante la cena. Ellos habían cobrado vida gracias al mismo Dios que había conocido semanas atrás, y me enseñaban sobre Él mucho mejor de lo que podría haberlo conocido en soledad. Dios nos había puesto juntos y, al hacerlo, había provisto los medios para enseñarme a desvestirme de todo lo que mi antigua comunidad me había enseñado a usar con orgullo.

Conocí a Santoria en línea. O, debería decir, conocí sus palabras primero. Una noche, mientras YouTube me mantenía despierta más de la cuenta, caí en un video donde de la boca de una mujer, de la cual no sabía el nombre, salían pasajes bíblicos volando como si fueran una bandada de aves: ala tras ala cortaban tanto el cielo como el corazón del hombre al que le hablaba.

Le estaba testificando a un hombre sobre Jesús. Él intentaba con todas sus fuerzas, fortalecido por una forma educada de duda, levantar vuelo. Esta interacción era, cuando menos, interesante. Para mí, nueva en la fe cristiana, lo que estaba sucediendo no tenía nombre. Lo que sí sabía era que esperaba que algún día mi corazón tuviera suficiente lugar para albergar tanta Biblia como el de ella.

La poesía me llevaría a Los Ángeles, donde ella vivía. Antes de hablar durante horas en su casa, recité poesía en un evento que organizó la iglesia donde Santoria servía como directora del ministerio para mujeres. Les había enviado por correo electrónico mi testimonio después de averiguar más sobre el ministerio en YouTube (una vez que el video de Santoria me llevó a darme un atracón de todos sus demás videos). Al tiempo, ellos se enteraron de que yo era poetisa y me invitaron a participar de su próximo evento de poesía. Antes de mi salvación, nunca consideré el arte de la poesía como algo en lo cual valiera la pena participar. Las personas que quemaban incienso, escuchaban *neo soul*, tenían la piel castaña y eran de pensamiento profundo encajaban mejor en ese molde que yo, hasta que me sobrevino un impulso fortuito e inesperado de escribir, y no me dejó en paz.

Al entrar a su apartamento, lo primero que noté fue el silencio. Después de invitarme a actuar en su iglesia, el pastor había hecho arreglos para que me hospedara en el apartamento de Santoria. La soltería había conservado la tranquilidad del lugar, hasta que el ministerio aportó el ruido. Nos sentamos a la mesa de su cocina, un lugar prolijo excepto por una pequeña pila de cartas a pocos centímetros de sus manos serenas. Las levantó brevemente, tan solo para acomodarse el cabello. Uno de sus rizos estaba siendo algo rebelde. Tiznado y lo suficientemente largo como para tocar la mesa por momentos, ella se aseguró de ponerlo en su lugar.

No pasó mucho tiempo antes de que las iglesias locales de los alrededores de San Luis empezaran a invitarme a compartir mis escritos en sus conferencias y reuniones. Para mí, las palabras eran un ministerio. Si Dios las había usado para crear al hombre, el mundo, los planetas y los milagros, entonces supuse que haría bien en asegurarme de que, después de crear mi propia cosa viva, Dios pudiera mirarla y llamarla buena. Buena en el sentido de que glorificara al Señor y fuera beneficiosa para todos los que Él había creado. Pero, como es de esperarse cuando los humanos meten la cuchara en el asunto, empiezan a felicitarse por lo que se hizo, como si su mente no fuera algo prestado.

Santoria, una mujer sabia y usada para discernir en las personas lo que ellas no podían ver en sí mismas, detectó esto en mí. De la misma manera en que desarmó la arrogancia del hombre al cual le había testificado en YouTube, observó este rasgo en mí. El orgullo desentrañado que yo confundía con seguridad en mí misma, y que atravesaba cada frase interminable sobre mi persona, mi vida, mis pensamientos, mi sabiduría, mis dones, mi conocimiento aficionado de la Escritura y cualquier otra cosa que me ayudara a construir el trono donde pudiera sentarme. Ella escuchaba con paciencia. Esta vez, las aves que se arrojaron ferozmente sobre el hombre del video estaban amansadas. Yo estaba en el mismo lugar que el hombre. Otro contexto, pero aun así bajo la luz de Santoria. Sin embargo, lo que me intrigaba ahora no era su conocimiento de la Escritura, sino su seguridad silenciosa en ellas.

Ella no tenía nada que probar. Yo tenía demasiado para decir.

«Discipulado» no era una palabra que se usara en la iglesia a la que me uní cuando empecé a caminar en fe. En la iglesia donde recordaban mi nombre, aprendí sobre el poder del Espíritu Santo para entrar en cuerpos rotos y sanarlos desde adentro hacia fuera. Aprendí cómo prodigaba buenas dádivas que, cuando se descubrían y se ponían en práctica, hacían que el domingo fuera algo especial. Desde el púlpito, mi pastor, otrora drogadicto y ahora salvo, permitía que Dios le indicara qué decir. Con nuestras Biblias abiertas, orábamos con una voz lo suficientemente alta como para que las paredes supieran que estaban conteniendo ciudadanos del cielo.

Pero si me hubieran preguntado no solo cómo el evangelio había cambiado mi vida sino cuáles eran sus repercusiones en mi vida cotidiana, no habría sabido qué responder. Si me hacían una pregunta de seguimiento, como por ejemplo cómo el Espíritu Santo no solo me había dado poder para caminar en los dones del Espíritu, sino también en santidad mediante el Espíritu, esta línea inquisitiva me habría parecido por lo menos reveladora. En mi breve tiempo en la casa de Santoria, pude ver que su vida estaba llena de poder, de maneras que no sabía que eran posibles. Vi cómo, cuando se acercaba la incredulidad, ella soltaba fielmente la Escritura para capturarla y someterla a una voluntad superior a la de ella. Era una mujer de muchos dones, pero alejada de la impiedad. Había conocido a muchas personas con habilidades gloriosas y vidas satánicas, pero esta mujer me mostró que conocer a Dios era más que saber sobre Él y hacer cosas para Él; era conocerlo *a Él*.

Después de un año desde que Dios entró a mi hogar, me mudé al de Santoria. Era demasiado difícil hallar un verdadero crecimiento en la iglesia que me había recibido como nueva creyente. Así que, mediante la guía y el consejo sabio de Dios, me mudé a Los Ángeles para que me discipulara Santoria y para unirme a la iglesia que nos había presentado. Su hogar no era un buen lugar para esconderse. Dos habitaciones de tamaño aceptable estaban una junto a la otra, cerca de la parte trasera del complejo. Entre dos a cinco pasos desde cualquiera de las habitaciones, dependiendo del largo de tu zancada, era la distancia al único baño que compartíamos tres mujeres: Santoria, su coarrendataria y yo. Sin embargo, la aglomeración no fue lo que me impidió amigarme con la privacidad. Santoria sabía que, para ayudarme, tenía que conocerme. Mis amigas debían conocerme. Lo que me gustaba y lo que no me gustaba. Mi afinidad por las golosinas de almendra y coco y por los calcetines dados vuelta. Incluso conocerían los dolores indecibles que a veces salían de mí, sin palabras, solo con lágrimas enjugadas con rapidez por el temor de que me rotularan como débil. Pero el conocimiento que ella buscaba era la clase que intentaría conocer los pecados pequeños y grandes que yo no dejaba salir a la luz. No podía matar lo que no confesara. Y, en la etapa infantil de la fe en la cual me encontraba, no estaba dispuesta a matar lo que creía que me mantenía viva. En cuanto a ella y a su hogar, Santoria se aseguraría de que toda persona que viviera allí *hiciera* exactamente eso: vivir.

Una mañana, me levanté poco antes de las diez. Había un negocio de llantas para autos cerca, donde estaban escuchando música de mariachis a todo volumen, y retumbaba en las paredes del complejo de apartamentos que formaban un anfiteatro a su alrededor. El sol holgazán no quiso mostrarnos qué atuendo se colocaría hasta antes del mediodía. Pero yo sabía que, cuando se le pasara la pereza, se exhibiría a su estilo californiano. Santoria no tenía cable, así que en general, me entretenía con las redes sociales durante la mañana. Antes de sentarme frente a la computadora, observé un gran libro azul con una nota pegada en la tapa, que estaba ubicado a propósito a la izquierda del teclado.

Decía: «Antes de que empieces con la computadora, quiero que leas y hagas la Lección 2 de este libro. Conversaremos al respecto cuando vuelva a casa. —San».

Después de sobreponerme al atrevimiento premeditado de Santoria de saber exactamente lo que haría cuando me levantara, y de interrumpirlo con algo fructífero, levanté el libro para ver qué le parecía que merecía mi mañana. El título era *Seeking Him* [En busca de Él]. Comencé a pasar las páginas, irritada y apurada para terminarlo antes de que ella volviera a casa, y aterricé sobre una lección titulada: «La humildad. Cómo acercarse a Dios según Sus términos».

Bueno, ¿qué tiene que ver esto conmigo?, pensé en voz alta. Estaba molesta y me sentía incapaz de reunir la audacia para decirle a Santoria que hacer ese ejercicio sería tan solo un juego de «cosas tontas para hacer por la mañana».

Me senté en el sofá detrás de mí y empecé a leer.

Lo que leía tenía cuchillos. Cuchillos afilados y de acero inoxidable, que se detenían solo cuando un punto o un intervalo de párrafo los hacía quedarse quietos. Algunas palabras eran fragmentos rotos de un espejo. Cada corte me mostraba lo que mi corazón había intentado esconder de Dios. Cada oración me anunciaba que el orgullo no era exclusivo para las personas arrogantes por fuera que había conocido, sino que estaba dentro de todos nosotros. Se manifestaba de diversas maneras, y solo se descubría cuando la espada del Espíritu atravesaba la médula de los huesos que lo albergaba.

«Jackie, la homosexualidad no es tu único problema —me dijo Santoria mientras hablábamos de mi diagnóstico reciente de orgullo—. Tendrás que aprender a morir a mucho más que eso. Ya sea la homosexualidad, el orgullo, el temor, el enojo o la pereza, hay más que un solo pecado que necesitas superar, no solo tu sexualidad».

Algunos tienen el hábito de no tener solo una visión compartimentada de sí mismos a la luz del evangelio, sino también un concepto compartimentado del discipulado. Parece que el único objetivo del discipulado en nuestras comunidades cristianas es enseñarles a las personas a liberarse de los gritos fuertes de su sexualidad rota, pero se olvida de enseñarles a acallar todo el otro ruido que hace la carne. Cristo no murió para redimirnos parcialmente. Tampoco resucitó para que pudiéramos tener vida en porciones. Por el contrario, como tenemos un cuerpo creado para Él, así como también la mente, la voluntad, la personalidad y las emociones que contiene, debemos entender que Dios desea que triunfemos sobre todo pecado que impida que toda nuestra persona sirva a Dios con plenitud y libertad.

Casi a diario, me asignaban algo para leer o escuchar, que me llevara a una comprensión más clara de Dios. Día tras día, aprendía a orar y a administrar el dinero, a leer bien la Escritura y a domar mi lengua para no hablar de mala manera; aprendía por qué era importante la misericordia y cómo debía permitir que me guiara.

Una noche, después de mirar una película sobre la historia de David y Goliat, le dije a Santoria que estaba luchando con la lujuria. Era un gigante en sí mismo que me intimidaba para que escuchara su voz, y nunca dejaba de hablar. Sin siquiera hacer una pausa para recobrar el aliento o para retroceder de decirme quién debía ser y qué debía hacer, me contestó:

—La lujuria se combate con el evangelio, Jackie.

—¿El evangelio? ¿Cómo? —respondí, dudando de que su consejo fuera práctico. Esperaba que me proporcionara alguna oración especial para reprender el pecado, no que me pidiera que simplemente recordara el evangelio.

—Cuando Jesús murió y resucitó, te dio poder para vencer el pecado. Literalmente. No tienes por qué ceder. Cada vez que te veas tentada a pecar, recuerda la realidad de que Jesús ya venció. No eres una esclava. Eres libre. Sencillamente, tienes que creerlo y caminar en esa verdad.

Desconcertada y más intrigada que nunca, levanté la mirada y le dije: —Entonces, ¿quieres decir que el evangelio es lo único que necesito para luchar contra el pecado?

Intentando contener una risita por la sinceridad de mi pregunta, Santoria me respondió con absoluta seguridad mientras me miraba: —Sí, Jackie. El evangelio no solo te salva; también te mantiene.

En un esfuerzo por mantenerse por algún otro medio, muchos santos se han encontrado en un camino adoquinado con pretensión de superioridad moral y buenas obras, en lugar del evangelio. Con el evangelio, me refiero a que un Dios santo creó a un pueblo para Él; ellos pecaron y quebrantaron Sus leyes divinas. Al hacerlo, todos merecían el juicio de un Dios justo, pero Su amor lo movió a enviar a Su Hijo Jesús, Dios hecho carne, para que cargara con los pecados de muchos, fuera juzgado como ellos tendrían que haber sido juzgados, de manera que ellos pudieran vivir la vida que nunca podrían haberse ganado. Jesús, entonces, con todo poder para hacer esto y más, se levantó de los muertos, venció a la muerte y mandó que todos se arrepintieran y creyeran en Su nombre. Y los que lo hagan serán salvos por gracia y llenos del Espíritu Santo, quien, a Su vez, los ha sellado para el día de la redención, cuando todos los santos continúen en la vida eterna que recibieron el día en que creyeron.

Algunos quisieran que creyéramos que es posible graduarse del evangelio de Cristo. Tratarlo como si fuera lo mismo que la leche de fórmula, las sillas altas o aprender a atarse los zapatos, para poder avanzar a hacer cosas mejores con tus pies. Pero, en realidad, si dejamos de depender del evangelio, dejamos de depender de Cristo mismo.

«Por eso, de la manera que recibieron a Cristo Jesús como Señor, vivan ahora en él, arraigados y edificados en él, confirmados en la fe como se les enseñó, y llenos de gratitud» (Col. 2:6-7).

Yo recibí a Cristo por fe en Su evangelio. Y fue en y a través de Su evangelio que vi a Dios. Al ver a Dios, mediante los ojos de la fe, iluminados y llenos de vida con la luz del evangelio, el pecado no se comparaba con el Rey de la gloria. Había puesto mis ojos en Alguien por el cual valía la pena morir, porque Su muerte se había llevado la mía y había garantizado que podría morir a todo lo que me mantuviera alejada de la Vida.

Como expresó tan bien Jeff Vanderstelt: «El evangelio no solo trae perdón de pecados y nos salva del infierno. El evangelio de Jesucristo nos da poder para vivir una vida completamente nueva hoy mediante el mismo Espíritu que levantó a Jesús de los muertos».[8]

---

[8] Jeff Vanderstelt, *Gospel Fluency* (Wheaton,: Crossway, 2017), pág. 73.

Entonces, ¿cómo podía pensar que Dios proveería otra manera para que caminara en libertad que no encontrara su pulso en Su evangelio? No podía suponer que el evangelio era una mera introducción a Jesús. Necesitaba aferrarme a él, meditar en él, confiar en él y creer siempre en este evangelio, con la misma clase de desesperación absoluta que me llevó por primera vez a él. Al estar anclada a este evangelio, estaría aferrada a Dios.

John Piper escribe:

> El objetivo supremo del evangelio es demostrar la gloria de Dios y quitar cualquier obstáculo que nos impida verla y saborearla como nuestro tesoro más preciado. «¡Ved aquí al Dios vuestro!» [RVR1960] es el mandamiento más misericordioso y mejor del evangelio. Si no lo vemos y lo disfrutamos como nuestra mejor fortuna, no hemos obedecido el evangelio ni creído en él.[9]

Una mirada consistente a la Escritura me recordaría el evangelio: desde Génesis —desde los relatos del Antiguo Testamento sobre los sacrificios, los templos, los profetas y los sacerdotes, los cuales todos apuntaban al Nuevo Testamento

[9] John Piper, *God Is the Gospel* (Wheaton: Crossway, 2005), pág. 56.

y a Jesús— hasta el Apocalipsis, con la consumación de la victoria final de Jesús, con todos los Suyos adorándolo como Cordero inmolado, incluso mientras se para como el Rey conquistador. Incluso ahora, Su esposa, la Iglesia local, es el recordatorio constante de Su muerte, Su entierro y Su resurrección. Mientras sus integrantes cantan sobre Su victoria, oran a Sus pies, predican sobre Su belleza, parten el pan y beben el vino, recordando cómo tanto Su cuerpo como Su sangre nos han liberado a todos.

El evangelio de Dios me salvó la vida, y en otros había hecho lo mismo. Al hacerlo, cuando mi vida estuviera cerca de la de los demás, se parecería más a la de Él. ¿Quién era yo para creer que podía parecerme al Dios trino intentando *vivir* por mi cuenta?

CAPÍTULO 11

2008-2014

«**YA NO SÉ** qué se siente ser mujer». Había pasado tiempo frente al espejo y observado que no quedaba nada femenino. Mis pestañas todavía eran lo suficientemente largas como para esconderse debajo. Pero no podían evitar que la dureza de mi mirada espantara todo lo bonito que solía asomar por allí. Hasta a mí me asustaba. ¿Quién era esta persona que me devolvía la mirada? Me parecía conocida. Ya había visto esa nariz en alguna parte. Y esos ojos, esos ojos que rogaban: «No me lastimes, o volveré a romperme en mi interior». Los había visto en el rostro de mi mamá y mi papá, pero era imposible que esta persona tuviera su sangre. Ellos tenían una hija. Pero lo que estaba allí, mirándome desde el espejo, no era la chica que había visto en las fotos familiares. ¿O acaso *sí* lo era, todavía?

Un año antes de mudarme a Los Ángeles, y un día después de que el Espíritu Santo se mudó a mi interior, emprendí la difícil tarea de romper con mi novia. Sus lágrimas eran demasiado ensordecedoras como para escucharlas sin reproche. La escuché limpiarse la cara. Después de exhalar el dolor, la confusión del momento abrió sus labios para que pudiera preguntarme: «¿Por qué? ¿Por qué estás haciendo esto?». Tenía sentido que me lo preguntara. Sabía cuánto la amaba, lo infantil que se volvía mi rostro cuando estaba cerca de ella, con un rubor singular que tan solo teñía la línea donde mis ojos se expandían, sin tocar mis mejillas. Nunca había visto mi corazón en persona, pero lo conocía bien.

Dejarla, a ella, a nosotras, a nuestro amor, no tenía ningún sentido aparte de la obra divina de Dios. Era tanto mi mujer como mi ídolo. Un ídolo incompetente, sin un gramo de deidad. Era el ojo que Jesús había dicho que había que sacarse, o la mano que había mandado cortar (Mat. 5:29-30). Aunque era tan doloroso como el extremo de quitarse una parte del cuerpo, era mejor para mí perderla que perder mi alma.

«Es que… ahora tengo que vivir para Dios», dije con la voz quebrantada por las lágrimas, destruyendo lo que habíamos sido y, según me parecía, a mí misma. Cuando colgara el teléfono, llegaría una nueva identidad. Pensé en el espejo y en cómo había olvidado mi apariencia. Cómo la persona que veía ante mí no se parecía a mi mamá ni a la hija que ella había criado. Al ver a Dios la noche anterior, también quería ver adónde se había ido la chica dentro de mí, y si alguna vez volvería. Ya no sabía cómo ser una mujer, pero la verdadera pregunta era: ¿alguna vez lo supe?

Había pasado una semana desde mi transformación, pero por fuera, no había muchos que pudieran darse cuenta. No tenía nada que se comprara en las secciones de mujeres, ni quería hacerlo. En cambio, usé lo que tenía hasta que pude comprar lo que honraría aquello que era. Empecé por algo pequeño y compré un sostén de verdad. Uno que afirmaría la manera en que Dios había hecho mi pecho, en lugar de esconderlo. Aunque los calzoncillos tipo *boxer* eran cómodos, no me servían. Empecé a dejarlos de lado cada mañana para colocarme ropa interior de mujer, la cual inesperadamente se adaptó a la forma en que mis piernas hacían mover todo mi cuerpo. La manera áspera en la que comenzaba cada día empezó a suavizarse, como una canción pintada con el dedo. Algo tan secreto e insignificante, como usar lo que las demás mujeres usaban bajo la ropa, empezó a sacar de mí a aquella jovencita olvidada. Era un ritual cotidiano de arrepentimiento: el primer dominó en una larga línea para el resto de mi día. Nadie más que yo lo sabía. Pero todos se daban cuenta de que había algo diferente, incluso si no sabían qué.

Me paré afuera de una tienda bien femenina, Forever 21, más fastidiada que nunca. Los pequeños ajustes hechos en secreto no se comparaban con lo que venía a continuación. En esta tienda, en las perchas, doblada sobre los estantes, probada, comprada y devuelta, había más que tela modelada para hacer camisetas; había una nueva identidad: una nueva manera de presentarme al mundo. Chica tras chica iban entrando, con una amplia sonrisa, listas para gastar y llevarse su femineidad en bolsitas amarillas. Su deleite destilaba normalidad. Comprar un vestido floreado o un par de pantalones vaqueros desgastados que resaltaban sus caderas no era ningún logro monumental, ni siquiera un acto pavoroso para reclamar su condición de mujer; solo así sabían ser: chicas a quienes les encantaba ser chicas, y yo no podía identificarme.

Toda la escena hacía que quisiera salir corriendo, con una ropa detrás de la cual pudiera esconderme y que nunca me encontraran, donde la chica insegura e indecisa sobre su cuerpo y sobre por qué Dios se lo había dado pudiera quedar librada a su propia confusión, en lugar de estar en la posición de lidiar con ello. Pero resolví que había hecho cosas mucho más difíciles que esta. Si podía dejar al amor de mi vida por Aquel que ama mi alma, entonces un cambio de ropa, aunque fuera difícil, no sería tan horrendo como parecía.

Dentro de mi propia bolsita amarilla, había una camisa azul de mangas largas, con botones marmoleados y rosas rojas a cada lado. También había dos pares de pantalones vaqueros ajustados, un suéter gris liviano y un chaleco carmín forrado en lana blanca. Ahora, tenía *mi propia* ropa para usar. Una que, al usarla, sería su propia clase de bautismo. Aunque sumergirme en algo tan natural como ropa de mujer no me limpiaría de mis modales masculinos, tal como el agua no podía lavar mi pecado, sería una declaración. Un grito simbólico de que la mujer que estaba perdida había sido hallada. Había sido reclamada y desenterrada. Su vuelta a la vida no quedaría escondida por ropa que le contara al mundo una historia distinta de la creación. Una que desestimara las distinciones de su cuerpo. Despojarme de la ropa que proyectaba una imagen diferente a la que nací portando no se trataba de intentar salvarme a mí misma, sino que me recordaba aquello para lo cual había sido creada.

La femineidad es algo extraño, al menos para mí. Posiblemente porque la manera en la que fue definida y me fue dada no se pareció en absoluto a la forma en la cual comenzó o fue creada. Para cuando fui lo suficientemente grande como para escuchar, *eso* ya había recibido un envoltorio diferente. Al igual que el juego del teléfono descompuesto, el mensaje que Dios susurró primero se malinterpretó, se editó de manera intencional y accidental y me lo enviaron como una fórmula para ser una mujer en el mundo. Sin embargo, cuando lo recibí, supe que era imposible que me lo hubieran enviado a *mí*. Era demasiado agresiva para la clase de mujer extremadamente sumisa que me decían que a Dios le gustaba. Mis bordes eran demasiado ásperos como para compararse con los suaves que quería un hombre en una esposa y una madre. Esas mujeres no se parecían a mí. No podía encontrar ni un rasgo, ni en sus voces suaves y despejadas ni en la manera delicada y etérea en la cual entraban a una habitación, con la cual pudiera identificarme. Yo era demasiado dura, demasiado mala, demasiado factual, demasiado segura de mis palabras, demasiado fuerte como para someterme, demasiado distinta al color rosado, demasiado parecida al gris, demasiado normal como para que me notaran y demasiado yo como para ser lo suficientemente mujer para los demás.

Entonces, no es de sorprender que no tuviera idea de quién era, al darme cuenta de que, sin saberlo, me había pasado la vida mirando un estereotipo en lugar de a Dios. Él, y no las caricaturas desprolijas que la cultura manejaba, sería sincero y preciso cuando me hablara de la femineidad, porque Él la había creado y me había creado a mí.

Elisabeth Elliott escribió:

> Para entender el significado de la femineidad, tenemos que empezar con Dios. Si Él es ciertamente el Creador de «todas las cosas en el cielo y en la tierra, visibles e invisibles», sin duda está a cargo de todas las cosas, visibles e invisibles, estupendas y minúsculas, magníficas y triviales. Dios

> tiene que estar a cargo de los detalles para poder estar a cargo del diseño integral.[10]

No necesitaba aprender a ser mujer en sí. Ya era una mujer. Es inútil pintar una imagen de la femineidad que solo suponga la conducta y no cómo esa conducta afecta el cuerpo. A Eva se la llamó mujer incluso antes de que se comportara como tal. Aunque yo era mujer en el sentido biológico, necesitaba aprender a ser una al máximo, al reflejar a Cristo tanto en cuerpo como en conducta. A medida que fui conociendo mejor a Dios, Él ciertamente me mostró cómo.

Recuerdo la primera vez que lo vi entrar al templo. En una zona, había mesas. Detrás de las mesas, había hombres con manos rápidas y ojos bien abiertos. Las personas, algunas claramente extranjeras al suelo donde estaban, extendían las manos y abrían los dedos para revelar las monedas de su país. Los hombres de negocios, con movimientos urgentes y expeditivos, como para cernir el tráfico del templo y hacer lugar para más, colocaban otra moneda en las manos de los clientes. Esta moneda local les permitiría comprar aquello que los había

[10] Elisabeth Elliott, *Let Me Be a Woman* (1976; Carol Stream: Tyndale, 1999), pág. 8.

llevado al templo en primer lugar: un sacrificio. Sin embargo, no tenían que viajar lejos de los cambistas para obtenerlo; tan solo debían dirigirse hacia el sonido de alas frustradas que se chocaban contra el metal de las jaulas.

Habían venido a adorar y necesitaban algo sin mancha, a diferencia de su propia persona, para presentar ante Dios. Esperaban que el sacrificio de una paloma blanca fuera música para Sus oídos en lugar del ruido de sus pecados, pero cuando Dios llegó, lo que vio a Su alrededor no se parecía en nada a un aleluya. Ni siquiera sonaba como el cielo. Jesús, lleno del Espíritu Santo, se acercó a la mesa donde los cambistas estaban haciendo su negocio, como de costumbre. Sus manos, las mismas que acababan de abrir dos pares de ojos ciegos, veloces y apasionadas en Su toque, levantaron la mesa de su lugar. Las monedas que sostenía salieron volando y brillaron como varios países centelleantes. Los que vendían las palomas se encontraron sin lugar donde sentarse, mientras veían cómo sus sillas volaban. Jesús, controlado y encendido por una absoluta reverencia les recordó a todos los que tuvieran oídos para oír a quién le pertenecía el templo y lo que pertenecía allí. Era de Dios y allí pertenecía la oración.

A la distancia, a Jesús se lo podría haber acusado de muchas cosas. Una de ellas, después de dar vuelta las mesas y las sillas en el templo, en especial frente a tantas personas, sería que no era el Jesús «gentil, manso y tierno» sobre el cual nos pueden haber enseñado en la escuela dominical. Pero afirmar algo así sería juguetear con la blasfemia. Sería como decir que en algún momento, en el cielo o en la tierra, Jesús dejó de llevar el fruto del Espíritu. En todo momento, Jesús estaba completo, incluso con el celo con el cual puso al templo de rodillas, caminando en mansedumbre.

Para una mujer como yo, ver a Jesús de esta manera deshizo la noción de que, para ser manso, como mandó Dios a través de Pedro, era necesario quedar relegado al rol de un tapete. O al de una mujer que trataba su voz como si fuera un secreto. A Jesús lo impulsaba Su compromiso con Su Padre y con la verdad. De la misma manera, tener un espíritu suave y apacible —un llamado para las mujeres— no implicaría que abandonara todo lo que era, que fuera cojeando por la vida y silenciara mi personalidad en nombre de la obediencia, sino que implicaba que podía ser de manera auténtica la mujer que Dios me había creado para ser, mientras estaba anclada en la verdad y controlada por el Espíritu. Si Él era mi guía, cuando quisiera colocar mis derechos por encima de Su honor, la humildad cubriría mi corazón con su mano, manteniéndolo tranquilo y calmándolo con paz, hasta que lo que valiera la pena decir o hacer estuviera lleno de amor. Hasta que surgiera de un profundo deseo de reconocer y respetar lo que pertenecía a Dios.

Descubrir lo que significaba ser una mujer mansa me ayudó a empezar a desentrañar todos los demás conceptos errados de femineidad que me habían comunicado personas que no sabían escuchar. Al buscar cómo ser una mujer en la Palabra de Dios, descubrí lo que Dios había querido cuando me dio este llamado. La femineidad nacía de la imagen de Dios. No de fotografías Polaroid de la década de 1950, de mujeres blancas que horneaban galletas mientras hablaban lo suficientemente fuerte como para que las escucharan pero lo suficientemente bajo como para no llamar la atención a su intelecto. Ni eso ni las imágenes de mujeres cínicas y comprometidas con hablarles *a* los hombres como si fueran niños negligentes o perros desobedientes en los que no se puede confiar sin una correa. La autoproclamada «mujer liberada» estaba mucho más lejos de la imagen en la que Dios deseaba que me transformara. A Jesús le importaba que el templo se usara correctamente, y sentí que había una pasión compartida por mi femineidad. A Dios le importaba cómo me movía por el mundo como mujer. Más que nunca, empezó a importarme a mí cuando descubrí que estaba embarazada de una niña.

Quedé embarazada en mi luna de miel.

Cinco semanas después de transformarme en una sola carne con el único hombre que había *conocido*, una prueba con dos líneas simétricas partió mi mundo al medio. Ya era una nueva esposa con un nuevo apellido, con una inusual seguridad de que mi pasado no tendría la última palabra sobre mi futuro. Sin embargo, no esperaba que un bebé formara parte del asunto tan pronto. Supuse que lo mejor para el bebé y para mí sería que decidiera llegar después de que yo aprendiera a abrazar más a menudo y a llorar menos en silencio. La noche después de que el médico nos dijo que había una niña en mi cuerpo, lloré.

¡¿Yo voy a tener una niña?!, pensé. Casi que ni yo sé cómo ser mujer. Mi esposo estaba acostado junto a mí, durmiendo como si el mundo no se moviera mientras él soñaba, pero yo miraba el techo, con terror al mañana. Sabía que mi propia versión de femineidad sería el modelo en el cual mi hija metería su propia femineidad. Mis palabras no importarían tanto como mi vida.

Con mi vida, mi amor, mis palabras, mis silencios, mi sumisión, mi pudor y mi modelar la bondad de Dios en mi género, mi hija aprendería primero de mí. Aquella noche, recién casada y con miras a criar pronto a una niña hecha a imagen de Dios, decidí que si podía enseñarle algo a mi hija sobre sí misma, sería que, como un Dios bueno la había hecho mujer, entonces *ser* mujer era *bueno*.

Al día siguiente, empecé a vivir en consecuencia.

CAPÍTULO 12

2009-2014

Él era atractivo pero yo no me sentía atraída. Entendía por qué las mujeres habían sido una espina para él. Hacía menos de un año que era cristiana, y los hombres no me llamaban la atención en lo más mínimo. Si era por mí, al menos en ese momento, hubiera querido poder conseguir eso tan extraño en las mujeres que las hacía suspirar cuando veían a un hombre que les quitaba el aliento. Cómo buscaban a una amiga y le decían que miraran el rostro del muchacho. Entonces, le preguntaban: «¿No es súper lindo?». Y esperaban su respuesta en la forma de una sonrisa que no decía nada y que decía «¡Sí, amiga!» al mismo tiempo. Esperaba que algún día pudiera participar de estos momentos comunitarios de atracción compartidos entre amigas, pero hasta entonces, tan solo quería conocer a este poeta de Chicago porque su historia me recordaba a la mía.

Nadie guardaba silencio. La gente se sonaba los dedos. Usaban las manos como tambores y llenaban la sala de música.

No había ningún pandero a la vista, pero nadie se habría dado cuenta. Mientras los brazos, afirmativos y salvajes, se agitaban hacia el techo, todos sentían la vida que intentaban expresar. A veces, había risas. Otras, lágrimas. Aquí, la humanidad tenía un lugar adonde ir. Aquí, la verdad se sentía orgullosa de sí misma. Aquí, era evidente que no sentía vergüenza. Nos decía a todos quién era y por qué pertenecía allí, y nos encantaba.

La plataforma era el centro de atención. En general, había un micrófono y un poeta. Estos artistas hacían magia para transformar frases en escenas que a veces salían volando por encima de nuestras cabezas y nos permitían vislumbrar otro mundo. Los próximos en pasar al micrófono eran dos poetas de Chicago; otro mundo para muchos, incluida yo. Había escuchado historias de cómo había más agujeros de bala que casas, y cómo la policía no protegía a nadie más que a los suyos. De alguna manera, habían olvidado mencionar la belleza y cómo ella también vivía en Chicago. Era la razón por la cual Martin, Ali, Barack y Michelle hablaron del lugar como su hogar en algún momento. Incluso Dios estaba allí. Por supuesto, no tenía una dirección física; ni siquiera tenía dónde recostar la cabeza aquella vez en Jerusalén, pero eso no le impidió morar en la gran ciudad sobre el lago. Había llamado a cientos, tal vez miles de personas entre el lago Michigan y los límites de la ciudad y los había transformado en una casa lo suficientemente santa como para que Él habitara allí. De estos cristianos, salieron los dos poetas que subieron al escenario en Los Ángeles.

Yo había ido a presentarme también, pero debía esperar hasta que terminaran de pasar los demás. Mientras la audiencia aplaudía lo suficientemente fuerte como para que los poetas se sintieran bienvenidos, uno de ellos captó mi mirada. Se acercó al micrófono con indecisión. No con timidez, pero me daba cuenta de que no sabía si su voz combinaría con el color de su piel. Se parecía a café con mucha cafeína… la clase intensa que despierta a toda una habitación. Empezó a hablar y su voz me tomó por sorpresa. No esperaba que fuera tan grave. No pude evitar prestar atención a todo lo que dijo. Estaba recitando un poema sobre su pasado… un pasado lleno de mujeres con las cuales nunca se había casado, algunas que ni siquiera había amado, pero con quienes se había acostado. Sus pecados perdonados fueron puestos ante nuestra vista, y quedó en claro que estaba orgulloso de la gracia de Dios. Hablaba de su promiscuidad en tiempo pasado. No había olvidado nada de lo que hizo, pero quería que supiéramos que Dios recordaba Su misericordia cuando pensaba en él.

Preston se transformó en mi amigo después de enviarme un mensaje por Facebook y pedirme consejo sobre un poema que estaba escribiendo. Yo vivía en Los Ángeles. Él estaba en

Chicago. Pero hablábamos como si nuestras ciudades estuvieran a pocas calles de distancia. Prácticamente todas las semanas, nos sentábamos y hablábamos de todo. Desde cómo mi papá me había tratado como una extraña hasta cómo su mamá creía que la calle terminaría tragándoselo vivo. También me contaba anécdotas graciosas, como cuando su maestra de cuarto grado se negó a dejarlo ir al baño y lo desafió a ir de otra manera si seguía contestándole. Lo que no sabía, o probablemente no le importaba, era que tenía un muchachito intrépido en la sala. Había visto demasiadas cosas en su vida como para temerle a una suspensión, así que se bajó los pantalones e hizo sus necesidades frente a toda la clase, dentro del cubo de basura, justo debajo del sacapuntas. Y desde aquella época, no había cambiado demasiado. La madurez constreñía la rebelión en sus huesos, pero la osadía no tenía planes de retirarse. La escuchaba en cada historia que me contaba. Estaba parada sobre su lengua y salía volando hacia todo lo que los demás temían, incluso yo.

«Los chicos te tienen miedo».

«¿Pero por qué?». Lo miré, sin reparar en que mi tono sonaba como una acusación en lugar de una pregunta. Preston golpeteaba la pantalla de su teléfono al mismo tiempo en que movía su dedo índice arriba y abajo, buscando cualquier cosa que mantuviera a raya su TDA. «No lo sé. Simplemente dijeron que eras intimidante. Creen que eres linda pero tienen miedo de acercarse».

Ya me habían dicho muchas veces, más personas de las que hubiera querido, que mi rostro parecía más solemne que inofensivo. Comentaban que mis ojos expresaban más que mi boca. Creían haberlos escuchado decirle a todo el que se atreviera a mirarlos: «Vete de aquí» o «¿Quién te dijo que te acercaras?». Y así era.

Pero eran más elocuentes de lo que la mayoría sabía, probablemente porque nadie les preguntaba cómo se habían vuelto así. Si alguien lo hubiera hecho, les habrían hablado de la vez en que miraron a mi papá mientras él me decía, con la voz más tranquila del mundo, que si nunca volvía a hablarle, no le importaría. O la vez en que observé a toda mi clase de tercer grado transformarse en una turba lista para lincharme, conformada por matones de ocho años que iban por mí, mi cabello, la brecha entre mis dientes, mi piel, mi rostro, mis lágrimas, mi rostro escondido entre mis brazos, mi cara de «¿por qué no me dejan en paz; acaso no ven que ya me rompieron?». Mis ojos sabían por qué no los dejaba sonreír más. Tenía demasiado miedo de lo que harían los demás cuando descubrieran que me podía romper. Levantando la mirada de la distracción que tenía entre manos, Preston me miró, sentado sobre un sofá de un rojo vivo, y dijo sin inmutarse: «Igual eso es una tontería; yo no te tengo miedo. Creo que eres genial». Preston no sabía que eso era lo que lo hacía diferente.

Lo distinguía. Lo separaba del resto. Me veía como Dios me veía, como una mujer con más bagaje de lo que tenía fuerza para llevar, pero que aun así avanzaba. Y no tenía miedo de ser mi amigo en el camino. Su sentido de hombría no entraba en un frenesí cuando se ponía en contacto con mi compleja femineidad.

Era difícil no notar que Preston era diferente, y observar que yo estaba esperando lo mejor de los hombres en general. Esto era inusual para mí, después de toda una vida de creer que los hombres eran todos iguales a aquel muchacho que había abusado de mí y al padre que me había fallado, pero Preston me mostró otro lado. Por momentos, la compasión de Preston me impactaba. Mostraba un interés *genuino* en otras personas además de él. ¿Quién hubiera dicho que era posible que un hombre *amara*, que tuviera un corazón que permitiera entrar a otros, una mente que decidiera ocuparse de cuestiones que le interesaban a otra gente? Recordaba cumpleaños, segundos nombres y los pedidos de oración de la semana anterior, te preguntaba cómo estabas el lunes por la mañana como si acabara de hablar con Dios sobre ti antes de ir a trabajar. Vaya, pensé que Jesús era el único hombre que practicaba lo que predicaba, pero Preston era un sermón sin palabras. Su carácter empezó a desintegrar lentamente los ladrillos que había levantado el dolor y que mantenían el temor adentro y la belleza afuera. En el proceso, mi corazón respiró hondo y exhaló un afecto que tenía su nombre. Y yo no tenía idea de qué hacer con eso.

«Santoria, creo que tal vez me guste Preston». Hasta sonaba extraño decirlo en voz alta. Como cuando eres el primero que dice: «Te amo». No se lo dije principalmente porque quisiera un consejo, sino porque quería que me dijera que matara este sentimiento. En mi opinión, esta atracción podía estar surgiendo de un lugar perverso. O quizás incluso algo menos urgente que la moralidad… tal vez simplemente estaba aburrida.

Ya hacía casi tres años que era cristiana, y quizás extrañara la sensación de estar enamorada, de tener alguien a quien enviarle mensajes de texto a toda hora, hablando de nada y de todo, mientras tus amigos te veían sonreírle al teléfono y te preguntaban su nombre. Tal vez mi corazón quería *eso*, no a él. Si así era, podría fácilmente volver mi atención a otra parte, a algo menos aterrador pero que me distrajera de la misma manera, como los libros, la poesía o algo sin pulso. Pero si *era* un deseo real de *él* y no de la idea de él, yo, y no *eso*, tendría que morir al temor que había vivido en mí desde que tenía memoria.

«Díselo al Señor», me dijo Santoria. Habría sido extraño si ella no incluyera a Dios en la conversación de alguna manera. «Si hay alguna otra motivación, Él te la mostrará. Si la atracción es real, Dios te ayudará». Y eso fue lo que hice.

Pasó un año sin que le dijera una palabra a Preston sobre cómo me sentía, y muchas palabras a Dios. Durante el silencio, nos veíamos a menudo, especialmente en eventos de poesía en Chicago o Los Ángeles. Antes y después, seguíamos riéndonos hasta más no poder, y cambiando rápidamente de tema para pasar a un debate sobre teología, que al rato terminaba en un intercambio de historias de la infancia. Esas historias se transformaron en un debate sobre sueños sin cumplir.

Con la cantidad de tiempo que pasó y el flujo constante de oraciones enviadas al cielo, supuse que el afecto incipiente que había sentido un año antes se diluiría. Sin embargo, decidió crecer. No como las malezas. Las malezas son una descripción desagradable e indigna de lo que mi corazón me estaba haciendo. Este crecimiento se parecía a lo que Nikki Giovani describió una vez cuando escribió sobre una rosa que creció del cemento. Si Dios no hubiera reemplazado mi corazón por uno de carne, bien podría haber sido de cemento. Lo que creció de él fue inesperado para la calle y el mundo donde estaba, pero creció de todas maneras. No necesitó permiso; tan solo gracia. Solo Dios podría hacer algo tan extraño. Como hacer que algo hermoso surja del suelo. Ya lo hizo con Su cuerpo y ahora en el mío, como una rosa que brota del cemento, creció mi amor por un hombre.

Y no *cualquier* hombre ni todos los hombres, sino por un hombre llamado Preston. Al principio, esta atracción en ciernes era más sobre *él* que sobre su género. Mi afecto por la persona que era fue produciendo en mí un deseo de *todo* lo que él era: su personalidad y su hombría. Una imagen extraña y difícil de comprender, cuando estás acostumbrado a ver flores brotar en mejores lugares, pero era hermosa a la vez.

Siempre me pregunté si alguien se daría cuenta de que hablaba con Dios sobre Preston. Hacía todo lo posible por evitar que mi cuerpo revelara las cosas de las cuales hablaba con Dios. Había visto cómo los dientes delataban a mis amigas. Una sonrisa en la dirección del hombre que esperaban que correspondiera su amor revelaba todos sus secretos. Sin embargo, los míos se estaban volviendo difíciles de ocultar cuando estaba cerca de él. Me veía tentada a mirar demasiado, a mantener mis manos cerca de las de él, a pedir abrazos mucho antes de que fuera hora de partir y horas después de que ya habíamos dicho adiós. La cara de póquer estaba sonriendo demasiado como para ser eficaz, así que una noche volví a mi casa y se lo dije a Dios.

Sentada sobre mi cama, en la misma posición como si fuera a jugar una ronda de cartas, le dije: «Señor, no sé cuál es tu voluntad para mí y para Preston, pero si tu voluntad es que estemos juntos, entonces pon en su corazón que me busque. Pero si no es tu voluntad, por favor, dame el dominio propio para tratarlo como a un hermano en Cristo y no alguien que me gusta». Dios me escuchó y ya había empezado a responder semanas antes de que se lo pidiera. Ya había estado interrumpiendo las oraciones de Preston al colocarme en ellas. Me había puesto en su mente mientras él oraba por una esposa. Le había dicho que éramos más de lo que pensábamos que éramos y cómo el siguiente paso sería llamar a las cosas por su nombre y decirme la verdad. Y así lo hizo.

Nunca había escuchado tanta inseguridad en su voz. Me recordó a alguien que cruza una calle con mucho tránsito. Cómo su rostro está decidido a avanzar pero las piernas perciben los autos que se aproximan y saben que la única manera en que no chocarán es si siguen avanzando. Preston estaba entrando a un territorio desconocido. No tenía idea de que a mí me gustaba mirarlo o de que quería sentir sus manos y abrazarlo cuando yo quisiera. Lo único que sabía era que yo era la única mujer que le llamaba la atención. Mi manera de entrar a las habitaciones no lo asustaba. Lo único que sabía era que le gustaba mi rostro y mi mente. Que disfrutaba de escucharme hablar y que confiaba en lo que decía. Sabía que sería sincera. Sabía que una mujer mentirosa no merecía su corazón. Muchas habían visto su cuerpo, pero su corazón había quedado resguardado de la luz del sol. Sin embargo, cuando Dios le dijo: «Ahora», él avanzó.

Avanzar era lo más parecido a una batalla que podría haber imaginado. Nunca viví una guerra. No tuve ningún abuelo que me contara lo que había visto en batalla; y cómo lo mantenía despierto durante la noche. Cómo los truenos le hacían sentir que el enemigo lo había descubierto mientras se escondía y cómo la lluvia que golpeaba la ventana se parecía a las balas. Cómo cuando su hijo mayor era bebé, había ciertos sonidos que se confundían en su mente. A veces, era difícil descifrar si lo que había escuchado en la otra habitación era el llanto del bebé o si otro soldado de su pelotón había perdido la pierna. Cómo a veces, si dejaba los ojos cerrados demasiado tiempo, la oscuridad lo hacía ver cosas. Cosas malas. Cosas que le recordaban ser un joven apenas salido de la escuela secundaria y tener que pasar por encima de un cadáver fresco. Cómo lo único que quería era llamar a su mamá y escuchar su voz, pero su país tenía mejores cosas para que él hiciera con su juventud. La pregunta es: ¿cómo puede un hombre actuar como si nada sucediera cuando ha visto más muerte que sueño? ¿Por qué esperaríamos que no le tenga miedo a la oscuridad, que siga adelante como si no hubiera algo que siempre le recordara la guerra?

Me emocionaba que Dios hubiera respondido a mi oración, y que nuestros sentimientos estuvieran sobre la mesa, pero esto disparó algo en mí que no esperaba. Cuando él era tan solo mi amigo, podía conocerme según mis propios términos. Claro, a la distancia, podía saber cómo se llamaba mi papá, qué me gustaba comer durante la semana y hasta por qué lloraba tan bajito. Pero esta relación *nueva* y más intencional en la que estábamos entrando me asustaba. Ni siquiera mi mente podía manejarla. Me llevó a mirar de otra manera a Preston. Me volví desconfiada. Él ya no era mi amigo. Era una amenaza. Porque era un hombre. Y los hombres lastimaban las cosas, a las personas, a mí. Siempre lo hacían. Siempre lastimaban lo que fuera que tocaran. Como si hubieran venido al mundo solo para alimentarse de huesos de mujeres. Quizás estaban intentando vengarse de Dios por quitarles la costilla para hacerlas. Tal vez pensaban que, cuanto más las desarmaran, más probable sería que pudieran volver a armarse ellos mismos. No quería que Preston tuviera esa clase de poder. Pero sentía que sí lo tenía.

Cuando dije que sí a su propuesta, empezó una guerra entre nosotros. Yo no sabía cómo recibir su amor, y él no sabía cómo darlo. La chica que él había conocido en Los Ángeles no era la misma con la cual hablaba durante la cena. Se encerraba en sí misma, en alguna parte que solo la constancia podría descubrir y rescatar. Era todo sumamente incómodo, como aprender un idioma que siempre te dio pavor hablar. Esos abrazos que pensé que quería me horrorizaban. Me molestaba tener que reajustar la manera en que mis brazos abrazaban su cuerpo, porque no era una mujer y no tenía una cintura alrededor de la cual pudiera poner mis manos y atraer hacia mí. Era un hombre adulto con una espalda sólida y hombros que rezaban: «Pon tus brazos aquí». Sus manos eran más grandes que las mías. Se abrían paso hasta la pequeña hendidura en mi espalda y se acomodaban suavemente allí. Como si supieran que mi cuerpo estaba hecho para abrazar. No me resultaba encantador ni dulce; lo percibía como una provocación, como si estuvieran intentando recordarme que él era más fuerte. Preston colocaba su cabeza cerca de mi omóplato, como un niño que busca los rincones cálidos del cuerpo de su madre para descansar, y lo único que yo sentía era su vello facial que me rozaba la barbilla. Sentía el impulso violento de alejarlo de mí. Recordaba lo distinto que se sentía abrazar a una mujer, cuyas manos parecían relajadas y sin pretensiones, y cuyo rostro no llevaba el fruto de la testosterona. Ah, ¡cómo quería que todo terminara! Cómo deseaba que toda la experiencia no fuera tan complicada, y una aventura para la cual no me había anotado.

Volamos a Trinidad juntos para un evento de poesía en el cual los dos participábamos. Hacía cinco meses desde que habíamos comenzado a salir juntos y nada se había vuelto más fácil. Varios líderes de la iglesia nos estaban aconsejando, y yo estaba recibiendo ayuda por separado para ayudarme a encontrar gracia en medio del caos. Me había mudado a Chicago para trabajar para una organización sin fines de lucro y me estaba acostumbrando a la frecuencia de ver el rostro de Preston y de lidiar con las discusiones que esto conllevaba. Lo que mantenía nuestro compromiso y evitaba que buscáramos un camino más ancho para transitar era que sabíamos que, en medio de la locura de nuestra relación, Dios quería que estuviéramos juntos. En ningún momento de mi relación con Él, lo había visto llamarme a la vida sin un camino empedrado con tribulaciones. En este caso, Dios tenía algo bueno en mente, pero por ahora, lo malo me rodeaba por todas partes.

Cuando llegamos a la isla, me sentía frustrada. Una tentación persistente me agobiaba. Durante el día, mi memoria me traía viejos fantasmas para susurrarme lo bien que solía sentirse la muerte. No era fácil no creerle por momentos ni tratar de convencerme de que las mujeres no lucían mejor que Dios. Sin embargo, yo ya había aprendido la lección. Durante la noche, mis sueños me atormentaban. Todo lo que me esforzaba por mantener fuera de mi corazón con la oración, la Escritura y la confesión volvía a vengarse cuando se ponía el sol. Cada vez que me iba a dormir, veía a mi novia. Escuchaba su voz y la extrañaba. Despertarme para luchar otro día era tan solo la mitad de la batalla. Me llevaba la misma valentía olvidar todo lo que había visto antes de despertar.

Mi fe no resistía esta clase de ataque implacable. Día a día, se iba debilitando por tener que negar tantas cosas tan a menudo. Después del evento de poesía, nos sentamos con Preston a ver la final de la NBA. Él había notado la nube oscura que se cernía sobre mí y estaba cansado de hacer como si no la viera. Ni la sintiera. Ni pudiera oler su furia *contra* él cada vez que me movía.

«¿Qué te sucede? ¿Por qué me estás tratando tan mal?».

Parecía enojado. Como si todos los meses de mi conducta similar a la de un excombatiente por fin lo hubieran afectado. Estallé sin levantar la voz.

«¿Sabes qué? Ni siquiera sé por qué estoy contigo».

La incredulidad acababa de robarse mi esperanza y mi lengua.

«Es decir, no entiendo por qué no estoy con mujeres. Porque no quiero estar contigo».

Lo había estado pensando toda la semana y ya no podía contener la duda. Si Dios quería que estuviéramos juntos, Él tendría que hacerlo, porque yo no podía. Yo no era Él. No podía hacer el mundo y todo lo que hay en él, sostener el sol, mandar a la luna, nombrar las estrellas, humillar al altivo, exaltar al humilde, dividir el Mar Rojo, sanar leprosos ni resucitar muertos. Ningún ángel le dijo a mi mamá que daría a luz a Dios. Mi papá no hizo que todo el cielo cantara mi nombre. Si yo hubiera sido Dios, podría haber hecho lo imposible y lograr que una chica gay transformada en cristiana amara bien a un hombre. Pero no lo era y por lo tanto no podía, así que me di por vencida.

Después de que volví a Chicago, supe que todo había terminado. Era imposible que un hombre resucitara después de eso. Nos había matado, y sentía cierto alivio.

Mi primera relación heterosexual *real* fue mucho más difícil de lo que había imaginado. La libertad, la posibilidad de poder no preocuparme y no tener que explicar por qué, todo esto me hacía sentir bien. Pero la culpa era más pesada que la libertad. Cómo podía romper el corazón del primer hombre al que había *querido* amar y al que había amado, simplemente no en voz alta. Él había estado más que dispuesto; dispuesto a pararse frente a un tren acelerado o a saltar frente a la boca sonriente de una pistola lista para hacerlo salir volando de mi vida.

Mi pasado me acechaba y ahora nos acechaba a los dos. No quería soltarme, y ahora no nos soltaba a los dos. Me retenía cautiva, y ahora a los dos. Y yo se lo permitía. En muchos sentidos, no podía evitarlo. Tal como el abuelito con el cual nunca había hablado no podía evitar ver la guerra cuando cerraba los ojos, yo no podía evitar pensar en guerra cuando miraba a los ojos de Preston. Sin embargo, me había alejado de esos ojos y del tratado de paz que anhelaban desesperadamente que yo firmara.

Era el mediodía, y todavía no había hablado con Preston. En ese momento, mi trabajo tenía una habitación para orar. No tenía nada de espiritual. Las únicas decoraciones apreciables eran unos sofás y unas Biblias. Me senté allí, con el peso de un alma agobiada, cargada con la convicción de que había herido a mi amigo.

Como el dolor es más grande que yo, naturalmente no entra en mi cuerpo ni se queda quieto demasiado antes de empezar a filtrarse por diversos lugares. A medida que se abría paso a mi pecho, hacía el mismo ruido que el viento cuando toca el fuego. Respirando, intenté contenerlo, pero eso solo lo hizo moverse más rápido.

En un abrir y cerrar de ojos, el dolor había llegado a mi falda. Había escapado por mis ojos y se había derramado en mi rostro. Lo tapé con las manos, esperando atajarlo para que no hiciera más desastre, pero siguió saliendo. Se volvía más rápido e indisciplinado cada vez que pensaba en Dios y en lo que le había hecho al hijo que Él había enviado a amarme. Mi teléfono vibró, lo cual por un segundo me recordó a una picadura y al dolor demorado que viene después. Me limpié lo que quedaba de dolor con la mano y tomé mi teléfono, para ver quién se dignaba contactarme. Una rápida mirada a la parte superior del mensaje reveló el nombre de Preston. Sabía que, más abajo, tan solo encontraría un recordatorio de cómo había profanado nuestra relación con mi temor. ¿Acaso me enviaba un mensaje solo para torturarme y decirme lo asesina que era? Claramente, no tenía mucho para decir. A través de las lágrimas, pude ver que el mensaje era breve. *Es bueno que sea breve* —pensé—. *Cuanto menos me haya escrito, menos tendré que responder*. Miré más de cerca y leí las palabras: «Te amo».

Las lágrimas volvieron, pero ahora, venían de otro lugar. El dolor no se había ido a ninguna parte, pero ahora, la confusión y la conmoción ocupaban parte del espacio. ¿Cómo podía ser que hubiera encontrado a un hombre que tuviera el atrevimiento de amarme *a mí*? ¡Después de que le había dicho «no»! Después de que le había negado el acceso al corazón que tan solo quería abrazar. ¿Cómo se atrevía a ser diferente a mi papá? ¿Quién le dijo que se podía quedar? ¿Qué promesa había creído que lo mantenía con vida y lo llevaba a negarse a vernos morir? Estoy segura de que fue lo que el apóstol Pablo les escribió a los efesios. ¿Qué más podía ser? Si no era Jesús y Su amor por las personas obstinadas, ¿quién más? ¿Qué otra historia era tan buena como esa, y tan relevante para nosotros, que no fuera la noticia de que Jesús había dado Su vida por una esposa que no lo quería en la suya propia? Preston no me amaba porque fuera un romántico empedernido. De acuerdo a los estándares del mundo, nuestra situación *era* irremediable. Pero él tenía otro punto de referencia de donde sacar fuerza: el evangelio. Me amaba porque amaba *más* a Dios.

Un mes más tarde, Preston subió a la plataforma. El evento de poesía en el cual nos habíamos conocido cuatro años antes había crecido desde dos personas en un galpón en Los Ángeles a 3500 personas, todavía ruidosas y enamoradas de la poesía, que llenaban una iglesia grande de California. Me senté en la primera fila, esperando que «espetara».

La sala, en absoluto silencio; sus ojos, nerviosos; su boca se abrió:

> «Abril se sentía en el aire. Entonces, éramos amigos, sin preocupaciones ni expectativas entre nosotros; tan solo una química de la cual hablábamos con nuestro lenguaje corporal. Los dos poetas, con una lengua tan afilada que uno nunca adivinaría que estaban hechas de la misma carne a la que morimos a diario. Siempre habíamos tenido facilidad de palabra, pero nunca la habíamos aprovechado. Respetábamos la forma artística de la poesía que Dios había puesto en nuestro corazón, como si literalmente pudiéramos sentir la sangre del rey David corriendo por nuestras venas. Extrañaba aquellas mañanas, cuando despertábamos de nuestro letargo, agotados de la noche anterior, en la cual habíamos hablado hasta que la luna se durmió y las estrellas se cansaron de nuestra compañía. Cómo manejábamos toscamente nuestros momentos juntos, y cómo nuestras personalidades dominantes coexistían bien, como dos reyes humildes en un banquete, con el respeto como piedra angular de la relación. Esto es lo que éramos. Esto es lo que éramos antes de que nuestros verdaderos sentimientos se dispararan desde el corazón,

> salieran volando de nuestras bocas y aterrizaran en la vida del otro como dos hermosos misiles con los cuales no sabíamos bien qué hacer. Admirábamos lo impecable de su construcción pero temíamos que explotaran en cualquier momento, haciendo volar los miembros de nuestras emociones. Lo sabía porque nuestra relación despertó la guerra en ella. Su corazón se transformó en un campo de batalla. Su lengua se volvió un escudo y sus ojos espadas que podían calar hondo con cada mirada. Su conducta guerrera me sacudió hasta la médula, confundido y sin saber cómo me había transformado en el enemigo en cuestión de meses. Empecé a cuestionar su amor por mí. Entonces, un día, el Señor me habló y dijo: "Preston. Si hubieras sido herido en batalla demasiadas veces como para contarlas, también habrías adoptado algunas tácticas de guerrilla. Yo te llamo a amarla no como tú lo harías, sino como yo"».[11]

Cuando terminó, me pidió que fuera su esposa. Le respondí de todo corazón. Podía tener mi «sí», pero le costaría más ganarse mi confianza.

---

[11] *Journey to Covenant* [Travesía al compromiso], por Preston Perry.

CAPÍTULO 13

2013-2014

«BUENO, AHORA vas a tener que empezar a confiar en mí».

Hacía apenas dos minutos que estábamos comprometidos. En el tiempo que le llevó ir de la plataforma a la antesala, Preston aprovechó nuestros primeros momentos a solas para decirme qué hacer. Por supuesto, tenía buenas intenciones. Creía haber demostrado que sus manos podían sostener el latido de mi corazón y no arruinar su ritmo. Me había amado de maneras que incluso lo asombraban a él. Esto, sumado a la rodilla doblada, a la sonrisa galante y al pedido de ser de él hasta que Dios me llevara a Su presencia significaba que era hora de «soltar» (o al menos eso pensaba).

Para mí, yo necesitaba más que tiempo, amor y un anillo.

Necesitaba a Dios una vez más.

Poco después de comprometernos, empezamos la consejería prematrimonial con nuestro pastor y su esposa. Nos llevaron a estudiar los típicos textos bíblicos relacionados con el matrimonio en el principio de los tiempos, y solíamos terminar con oración y alguna pregunta sobre el estado de nuestra pureza. La consejería prematrimonial se transformó en uno de los pocos lugares donde nuestras discusiones quedaban al descubierto con la esperanza de una resolución.

Nuestros desacuerdos no eran creativos ni originales. Eran repetitivos. Él sentía que yo no era lo suficientemente respetuosa. Yo sentía que él no era lo suficientemente paciente. Él quería que yo fuera más dócil. Yo quería que él entendiera por qué no lo era. Él quería que dejara de tratarlo como si siempre esperara que fuera a lastimarme. Yo quería que entendiera que no sabía cómo hacerlo.

Lo que más me frustraba era no saber *cómo* vivir como si nunca me hubieran herido. Había hecho cosas más difíciles. Me había despedido de la mujer cuyo amor más amaba. Había recibido a Dios. Me había cambiado de ropa. Me había comprometido con una iglesia local. Había encontrado nuevos amigos, nuevos pasatiempos, nuevo todo. Pero, por alguna razón, no podía lograr que *yo* fuera lo suficientemente nueva como para amar a Preston sin temor.

Amar a una mujer me resultaba fácil. No tenía que esforzarme para entregar todo lo que era. Ella podía tenerlo todo: mis lágrimas sin esconder, las historias que nunca contaba, la versión más libre de mí. Preston me amaba como Dios. Pero, más allá de lo amoroso que decidiera ser, seguía siendo un hombre. Un hombre que no era Dios. Un ser humano que podía olvidarse de Dios si quería. Y después, amarme. A mí, una mujer frágil. A mí, una chica asustada. A mí, alguien que deseaba no tener que esforzarse tanto por mantener el dolor a raya como para poder dejar entrar el amor.

Entre los días buenos, en los cuales recordábamos cómo ser amigos, y los días no tan buenos, donde nos azotábamos con nuestras frustraciones mutuas como si fueran látigos, yo oraba. Se acercaba el 1 de marzo, la fecha de nuestra boda, y el temor insistía en escoltarme hasta el altar.

No podía permitir que el miedo me tomara de la mano. Aunque era una palma conocida, incluso consistente, sabía que lo único que haría era separar lo que Dios uniría. Pero no podía soltarla sin otra mano que tomara su lugar. No podía caminar sola hacia el altar. Lo más probable era que se me detuvieran las piernas a medio camino y le dijeran a mi cuerpo que retrocediera… que hiciera lo más fácil, que viviera temiendo la bondad de Dios.

Así que a Dios oré. Durante demasiado tiempo, había temido creer que podría deshacer todo sin Su ayuda. Y probablemente eso era lo que Dios quería. Mi confianza.

Dios no quería que confiara primero en Preston, sino en Él. Esta relación, este compromiso y futuro matrimonio estaba siendo usado por Dios para obligarme a lidiar con las porciones de mi corazón que nunca había permitido que Él tocara. El temor había ocupado demasiado espacio, y Dios nunca había sido de los que comparten el corazón de Sus hijos con mentiras. Así que Preston, sin saberlo, era el fuego purificador de Dios.

Si todo hubiera sido fácil como quería, habría sido feliz, pero dudo que me hubiera sentido completa. Dios me había salvado y me estaba salvando en plenitud. Quería mi mente y mis sentimientos. Mi pureza y mi paz. Mi cuerpo y mis batallas. Este Señor al que había conocido seis años me estaba amando al dejarme al descubierto. Una clase incómoda de santificación a través del único hombre al que estaba dispuesta a entregarle mi «acepto».

Caminé por el pasillo hacia el altar… todavía aterrada, pero esta vez, mi relación con el temor era distinta. Esta vez, el temor tenía oposición. No podría persistir fácilmente, con los pies levantados sobre el sofá y un vaso de limonada que lo recibiera en casa.

Con cada paso hacia el hombre al que sabía que amaba, la fe les decía a mis piernas qué hacer. Y la fe le dijo al temor adónde podía irse: afuera.

Debajo de mi vestido blanco y con cola, había una pelea que ninguno de los invitados podía ver. Ellos veían mi sonrisa y mi cuello derecho y no sabían qué me había inspirado la confianza para algo tan osado como el matrimonio. Ellos creían que caminaba por la alfombra que el ujier había extendido antes de que yo entrara al santuario. Yo sabía que era agua. Sabía que se trataba de algo imposible. Sabía que Dios me había traído hasta aquí y que, mientras no me soltara de Su mano, Él no dejaría que me ahogara, sin importar lo difícil que se tornara.

Preston me tomó de la mano. Su rostro más radiante que nunca, y en el mío, una oración respondida. Tan solo seis años antes, no habría imaginado un día como este. El día en que me pararía ante un hombre y lo amaría *de verdad*, como para decir: «Acepto» y no menospreciar que la sensación que me producía tenía que ser obra de Dios.

Sabía que los días que siguieran no serían todos dulces. Algunos serían amargos. Otros traerían nueva misericordia. De cualquier manera, tomando para mí un *selah* de esta temporada eterna llamada matrimonio, la abordé sabiendo que Dios la usaría para continuar con Su obra de santificarme y glorificarse.

Desde afuera, se podía suponer que la relación entre Preston y yo probaba que Dios podía «hacer buena a una chica gay». Pero en realidad, Él ya lo había hecho en el momento en que me libró del pecado.

El matrimonio no «demostraba» que yo hubiera cambiado. El fruto del Espíritu sí (Gál. 5:22-23). El poder de mirar las cosas que antes amaba y llegar a la conclusión de que no valían nada era toda la apologética que Dios necesitaba para recordarle al mundo Su poder.

Preston y yo no fuimos unidos para transformarnos en el estándar de lo que debe pasarles a todas las chicas y los chicos gays que se convierten en creyentes. Fuimos unidos por la razón fundamental de señalar al misterio del evangelio de Dios (Ef. 5:32). El matrimonio era la manera en que Dios quería que *yo* lo glorificara. Transformarnos en una sola carne no me completaría. El matrimonio no sería lo que me haría plena, sino la obra de Dios en y a través de mi matrimonio, junto con cualquier otra cosa que el Alfarero decidiera usar para modelarme como Su arcilla. Dios era mi primer amor. Me había casado con Él mucho antes que con Preston, y estaría casada con Él incluso después de que la muerte me separara del hombre al que había prometido amar hasta entonces.

CAPÍTULO 14

¿**CREES EN** los milagros? O una mejor pregunta sería, ¿crees que Dios todavía hace cosas imposibles y sobrenaturales entre nosotros?

Tal vez consideres que los milagros pertenecen al pasado. Son algo que Dios hacía en la época de Moisés. Con sangre dentro del Nilo, en lugar del agua salada que desapareció una vez que la vara de Moisés tocó la superficie. Elías experimentó en carne propia lo ilimitado que era el poder de Dios cuando le rogó que permitiera que un muchacho muerto volviera a respirar y presenció su resurrección. Jonás no negaría las diversas maneras en que la mano de Dios puede cambiar todo de color. Un intento de suicidio terminó siendo una misión de rescate tanto para él como para Nínive. La gracia envió a un pez que lo llevara hasta la costa y a su voz para evitar que cientos de miles de personas se ahogaran en ira.

La mayor manifestación milagrosa la vimos cuando Jesús apareció en el mundo, pero se fue hace un tiempo, así que ¿quizás Sus milagros se fueron de la tierra junto con Él? Algo es seguro: incluso cuando Jesús estaba cerca, haciendo cosas que ningún ojo había visto ni oído había escuchado, la gente igual se negaba a creer.

Una vez en particular,[12] mientras pasaba por el templo con Sus discípulos, Jesús observó a un hombre que había nacido ciego. Como no podía ver, el hombre no se dio cuenta de que Jesús lo estaba mirando. Sin embargo, sus oídos seguramente captaron el sonido de varios pies que se acercaban. Alrededor del templo, siempre estaba oscuro, al menos para él. Sabía que había sol cuando podía sentir el calor, y aprovechando el día y a los adoradores que iban a orar, mendigaba ayuda. Siempre terminaba con menos monedas que la cantidad de pies que escuchaba pasar, pero rodeado de nada más que una ciega conciencia de todo, se quedaba allí sentado.

Alguien estaba parado donde percibía que había algo delante de él. Para entonces, ya tendría que haber escuchado el sonido de varias monedas que caían. Un estímulo para su estómago, ya que era el sonido de una comida que se aproximaba.

Sin embargo, lo que escuchó fue el sonido húmedo de saliva que salía de los labios del cuerpo cercano. El hombre

[12] Juan 9:1-34

retrocedió instintivamente... en general, el sonido de un escupitajo indicaba una jabalina desde la garganta de aquellos que despreciaban a personas insignificantes como él. Solo que, esta vez, la saliva aterrizó en la tierra. Ahora sentía que estaban removiendo la tierra. ¿Qué sucedía? No tenía los ojos para saberlo, pero Jesús estaba mezclando Su saliva con la tierra para hacer lodo. Ya había hecho algo similar hace mucho tiempo, cuando el suelo se transformó en la materia prima para un hombre. En este caso, la tierra sanaría a un hombre que Él había creado.

Quienquiera que fuera este hombre allí parado y experimentando con la tierra a su alrededor, puso lo que ahora se sentía como lodo, pegajoso y con olor a saliva, sobre sus ojos. Antes de hacerle alguna pregunta, el anónimo por fin dijo algo. El ciego escuchó: «Ve y lávate en el estanque de Siloé». El rostro del hombre estaba oculto por la ceguera, pero el sonido de Su voz anunciaba que se trataba de alguien importante. Quizás incluso perteneciente a la realeza, pero hacía mucho tiempo que no había reyes en Israel, y si alguno hubiera pasado por allí, no le habría prestado atención al suelo como para reconocer al mendigo allí sentado. «Ve». Sonó como «obedece». «Lávate en el estanque» sonó como «Aquí, ahora». Así que, como ya había ido al estanque cercano más de una vez, fue. Siguió las instrucciones del hombre. Tomando agua con las dos manos, como dos barcos que se hunden a propósito, se refregó el lodo. Mientras arrojaba agua sobre el ojo izquierdo, sobre el ojo derecho, mientras limpiaba el lodo como podía, sintiendo su sabor mientras le chorreaba a la boca, comenzó a ver cómo le goteaba de las manos. Mientras usaba las palmas de la mano para remover las partículas obstinadas de sus párpados, la luz lo tomó por sorpresa. A medida que más lodo caía, más luz entraba. Hasta que, de repente, podía ver.

Camino de regreso al templo, la gente vio cómo la veía. Estaban acostumbrados a verlo con los ojos cerrados o errantes, sin poder posarse sobre nada y verlo con claridad. Ahora, los *miraba*, y ellos no podían decidir si sería él o algún otro hombre con el mismo rostro pero que siempre había podido ver. Al escucharlos y verlos preguntarse si sería el mismo hombre al que siempre veían mendigar a ciegas fuera del templo, les dijo que sin duda era el mismo. Cuando le preguntaron cómo era que podía ver, les habló sobre cómo un hombre llamado Jesús lo había hecho. Con el tiempo, el milagro llegó a los oídos de los fariseos, los cuales interrogaron al hombre, igual que los judíos. Hasta les preguntaron a sus padres si había nacido ciego. Ellos confirmaron que así era. Ahora, su hijo sabía cómo lucían sus padres, y Jesús era el Autor del milagro.

Los fariseos no podían concebir la idea de que Jesús, un hombre que afirmaba ser uno con Dios, un Mesías vestido de carpintero, fuera el que había hecho el milagro. O incluso que el milagro fuera real y no producto de la histeria. Los ciegos *permanecen* ciegos. A menos que la verdad fuera que nunca habían sido ciegos en primer lugar. Y si sus ojos hubieran sido abiertos, hipotéticamente hablando, era imposible que un judío de Galilea lo hubiera hecho. Ciegos por su compromiso con la incredulidad, reacios a mirar más allá del milagro para ver la gloria de Dios en él, sacaron de en medio de ellos al hombre que ahora veía. Sin embargo, Jesús lo encontró y le preguntó:

—¿Crees en el Hijo del hombre?

—¿Quién es, Señor? Dímelo, para que crea en él.

—Pues ya lo *has* visto —le contestó Jesús—; es el que está hablando contigo.

—Creo, Señor —declaró el hombre.

Y, postrándose, lo adoró.

Entonces Jesús dijo:

—Yo he venido a este mundo para juzgarlo, para que los ciegos vean, y los que ven se queden ciegos. (vv. 35-39, énfasis añadido).

¿Sabes por qué nos cuesta creer que una chica gay pueda transformarse en una criatura completamente distinta? Porque nos cuesta creerle a Dios. Los fariseos vieron al hombre que había nacido ciego, escucharon su testimonio, descubrieron su pasado y cómo era algo completamente distinto del presente, y se negaron a creer en el milagro por la *Persona* a la cual apuntaba ese milagro. Se mostraron escépticos al milagro porque no tenían una fe verdadera en el Dios que lo había hecho. El milagro tenía menos que ver con el ciego que con un Dios bueno. Lo exhibía *a Él*. Su poder. Su capacidad de hacer lo que desea. De la manera que quiere, cuando quiere y al que Él elige.

La naturaleza incomprensible de lo que Jesús había hecho era para mostrarles a todos los seres humanos que Jesús era indudablemente Dios hecho carne. Y al serlo, todo lo que decía sobre sí mismo y sobre el mundo era la verdad absoluta. Jesús usaría aquel milagro para revelar a las generaciones futuras la gran ceguera de todos los que están convencidos de que son buenos. De que, de alguna manera, pueden triunfar en la vida sin Él. Caminan por el mundo, más ciegos que nunca, creyendo que la oscuridad en la que pasan todos sus días es en realidad luz.

Jesús vino al mundo a dar la vista, no solo porque quería sino también porque *podía*. A un milagro se lo llama así por una razón. Es más difícil quitar la dureza del corazón de un pecador que devolverle la vista física a un ciego. Los humanos han sido incapaces de abrir sus propios ojos, espiritualmente hablando, incluso antes de que Adán se escondiera detrás de los árboles con la esperanza de que esconderse de Dios lo salvara de Dios. Nos hemos vuelto sumamente creativos a la hora de abrir nuestros propios ojos, pero nunca lo logramos. Dios no sería Dios si no pudiera hacer lo imposible. Antes de que existiera el tiempo, Él ya lo hizo, y cuando el tiempo se vuelva un recuerdo distante tan solo para evocar el pasado, Él siempre seguirá haciendo lo que nadie más puede: ser Dios. El Dios que hace milagros. Y podemos estar seguros de que la salvación de un pecador es el milagro más grande que el mundo jamás verá.

El mismo poder que hizo que un hombre nacido ciego pudiera ver, a través de algo tan absurdo como saliva y lodo, es el mismo inmenso poder contenido en un evangelio absurdo, traído al mundo a través de un Salvador resucitado. Es a través de la fe en Él, iniciada por Su búsqueda de mí, que yo, una chica gay, ahora una nueva criatura, pude ser restaurada ante Dios. Recobré la vista, pude reconocer mis manos y los callos que les había causado el pecado, y cómo Jesús había venido a limpiarme de todos ellos. Y ahora que veo, adoro. Algo es seguro. Si alguna vez me preguntan cómo es que puedo ver, después de haber estado ciega tanto tiempo, sencillamente diré: «Era ciega, vino un Dios bueno, y ahora veo».

PARTE 3

La atracción por personas del mismo sexo y…

ESTOS CAPÍTULOS FINALES están pensados para ser un recurso. Hasta ahora, dije mucho sobre mí y sobre Dios, pero si te pareces en algo a mí, seguramente te preguntas: *¿Y ahora qué? ¿Hay algo práctico que pueda tomar para mí, para mis amigos o mis compañeros de trabajo?* Y creo que esta siguiente sección, aunque no es exhaustiva, puede resultarte útil.

A lo largo de la sección, haré muchas referencias a los «cristianos atraídos a personas del mismo sexo». Para abreviar, usaré «cristianos AMS». Este título se refiere a hombres y mujeres nacidos de nuevo quienes, por gracia mediante la fe, se han arrepentido de sus pecados (incluida la homosexualidad) y han puesto su fe en el Señor Jesucristo. Me refiero a estas personas como cristianos AMS porque, aunque han sido renovados por el poder del Espíritu, la carne los sigue tentando a hacer lo que desagrada a Dios; es decir, a ceder a cualquier versión distorsionada de la sexualidad.

Tan solo uso esta designación para ser clara respecto a quién le estoy hablando, o respecto al tema del cual hablo. No estoy sugiriendo que porque estas personas sigan siendo tentadas con la AMS [atracción por personas del mismo sexo], tengan la identidad de lo que algunos llamarían un «cristiano gay». Una vez más, como ya dije, no creo que sea sabio ni de acuerdo con el poder del evangelio identificarse con los pecados del pasado o con las tentaciones del presente. En cambio, es mejor dejarse definir por el Cristo que ha vencido las dos cosas para aquellos que llama Suyos. En última instancia, todos los hombres y las mujeres —incluida yo— que conocen bien la tentación sexual no son aquello que nuestra tentación dice de nosotros. Somos lo que Cristo ha hecho por nosotros; por lo tanto, nuestra identidad suprema es muy sencilla: somos cristianos.

CAPÍTULO 15

La atracción por personas del mismo sexo y la identidad

LA IDENTIDAD es algo muy importante. Al igual que un idioma que llevamos sobre nuestro rostro, dice mucho sobre lo que creemos respecto a Dios, nosotros mismos y los demás. Sin poder evitarlo, determinará el «cómo» que gobierna nuestros pasos. Siempre se puede encontrar la raíz de nuestra manera de movernos por el mundo en la pregunta: «¿Quién soy hoy?» y «¿Qué es Dios siempre?». Esta pregunta tiene una importancia fundamental para los cristianos nacidos de nuevo que todavía sienten AMS. El mundo en el cual nos encontramos ha transformado la sexualidad en algo central para la identidad. Una identidad donde el orgullo demostrado al agitar una promesa ante Dios destruyó al mundo con agua. La homosexualidad no es tan solo una manera de actuar, sino una manera de *ser*. Tal como dicen, es «sencillamente lo que eres».

La cultura LGBT ha hecho una excelente tarea a la hora de renovar, o debería decir destruir, la mente de muchos, fundamentalmente al usar ante todo las palabras como su mayor herramienta en sus esfuerzos por atraer a las personas a encontrar un mayor gozo al identificarse con su pecado en lugar de con su Creador. Una vez que empieza la santificación en la vida del creyente con AMS, la renovación de la mente también comienza. Un hermoso milagro en el cual Dios entra y empieza a transformar el corazón en la catedral que siempre tuvo que ser. Como es el corazón, así también es la mente. Un corazón nuevo es el principio de una mente nueva, pero todavía hace falta un esfuerzo de nuestra parte. No podemos simplemente quedarnos sentados y esperar que un mínimo celo produzca mucho fruto. Trabajamos junto con Dios para «representar el milagro» (ver Fil. 2:12-13) de santificación y llevarlo a su más grande potencial.[13]

Cuando una persona que solía ser esclava de la AMS se transforma en creyente, puede resultarle difícil aprender a identificarse con otro afecto. O si no es un problema de tendencia, puede ser uno de ignorancia. Alguien debe saber que la manera de identificarse a uno mismo le dará forma a su manera de navegar la vida. En mi propia travesía con Dios, he visto el impacto que puede tener la identidad sobre mi fe. Cuando comienzo a olvidar que *soy* amada, que *estoy* perdonada y que *soy* una nueva criatura, dejo de actuar desde la fe y empiezo a comportarme

---

[13] www.desiringgod.org/messages/i-act-the-miracle

como si mis pensamientos fueran más inerrantes que la Escritura. La identidad que le atribuyo a Dios y la identidad que Él me da siempre revelarán la verdadera naturaleza de mi fe.

Así que la carga para los cristianos AMS, en cuanto a la identidad, no es descubrir más sobre sí mismos ni transformarse en «la mejor versión de ti mismo» como una manera de empoderarse. Es renovar la mente para que los hombres y las mujeres empiecen a verse a sí mismos a la luz de lo que Dios ha revelado ser, para que puedan glorificarlo de las maneras que Él mandó. Esto sucede en medio de una comunidad, con mucha oración y con una interiorización constante y reflexiva de la Palabra de Dios.

A continuación, hay cuatro categorías que creo que ayudarán al creyente AMS a medida que «representa el milagro» de santificación en lo que se refiere a la identidad. Debajo de cada título, encontrarás una lista de pasajes bíblicos que espero que, al leerlos en oración, creerlos plenamente y meditarlos a diario, ayuden a los creyentes AMS en el comienzo de su travesía de no conformarse al mundo del cual fueron rescatados y de ser transformados mediante la renovación de su mente (Rom. 12:2).

1. La identidad del pecado | El pecado no es hermoso.

Primero, cuando cambia la identidad del corazón, también debe hacerlo la identidad del pecado. Mientras uno *está en él*, los ojos solo lo ven como una mujer ve un anillo de diamantes. O como un niño percibe un presente, cubierto de papel de regalo y listo para que lo desarmen hasta ser papel picado. El pecado es atractivo para los pecadores. Pero para los santos, debe ser despojado de sus máscaras, empujado hacia la luz y visto por lo que es. El santo es nuevo pero sus tentaciones serán tan viejas como el diablo. Sus tácticas de tentación no son modernas en absoluto. Desde el Edén hasta ahora, al atraer a una persona hacia el pecado, primero debe convencerla de que aquello que se siente impulsada a probar será satisfactorio. Y en nosotros, la duda que nacemos acarreando se mueve hasta la superficie a medida que la tentación nos marea y nos lleva a creer que el pecado que clavó a Cristo a la cruz es tan solo una rosa roja para cortar y oler por placer. La incredulidad siempre confronta el pecado con Dios. La transforma a *ella* en gloriosa, en vez de a Él. La transforma a *ella* en lo que hace que valga la pena vivir, en vez de Él. La transforma a *ella* en algo por lo que vale la pena morir, en vez de Él.

Para el cristiano AMS, habrá un día, o dos, o muchos en los cuales los afectos en los que solían deleitarse les susurren que regresen a ellos. Susurrarán la promesa de gozo y satisfacción. Pero se *sentirá* más cierto de lo que es, porque el pecado nunca puede cumplir la promesa de hacernos felices. El vómito siempre será vómito, por más que se lo cubra de chocolate, almendras fileteadas y una cereza encima (2 Ped. 2:21-22).

Cuando llega la tentación de ver el pecado por lo que no es, la Escritura es nuestra luz, nuestra verdad suprema, nuestro escape para salir de las sombras que se mueven a nuestros pies. La Palabra de Dios, y no la de nuestro enemigo, es donde vemos la *verdadera* identidad del pecado.

> *Porque la paga del pecado es muerte… (Rom. 6:23)*
>
> *… cada uno es tentado cuando sus propios malos deseos lo arrastran y seducen. Luego, cuando el deseo ha concebido, engendra el pecado; y el pecado, una vez que ha sido consumado, da a luz la muerte. (Sant. 1:14-15)*
>
> *¿Qué fruto cosechaban entonces? ¡Cosas que ahora los avergüenzan y que conducen a la muerte! (Rom. 6:21)*
>
> *Hay caminos que al hombre le parecen rectos, pero que acaban por ser caminos de muerte. (Prov. 14:12)*
>
> *No amen al mundo ni nada de lo que hay en él. Si alguien ama al mundo, no tiene el amor del Padre. (1 Jn. 2:15)*
>
> *El que practica el pecado es del diablo, porque el diablo ha estado pecando desde el principio… (1 Jn. 3:8)*
>
> *Se han llenado de toda clase de maldad, perversidad, avaricia y depravación. Están repletos de envidia,*

> *homicidios, disensiones, engaño y malicia. Son chismosos, calumniadores, enemigos de Dios, insolentes, soberbios y arrogantes; se ingenian maldades; se rebelan contra sus padres; son insensatos, desleales, insensibles, despiadados. Saben bien que, según el justo decreto de Dios, quienes practican tales cosas merecen la muerte; sin embargo, no solo siguen practicándolas, sino que incluso aprueban a quienes las practican. (Rom. 1:29-32)*

> *Los que fabrican ídolos no valen nada; inútiles son sus obras más preciadas. Para su propia vergüenza, sus propios testigos no ven ni conocen. (Isa. 44:9)*

> *Por lo tanto, no permitan ustedes que el pecado reine en su cuerpo mortal, ni obedezcan a sus malos deseos. No ofrezcan los miembros de su cuerpo al pecado como instrumentos de injusticia; al contrario, ofrézcanse más bien a Dios como quienes han vuelto de la muerte a la vida, presentando los miembros de su cuerpo como instrumentos de justicia. (Rom. 6:12-13)*

2. La identidad de un santo | No eres tus tentaciones.

Las tentaciones hablan, y mucho. Nos hablan de su potencial. Nos muestran nuestra necesidad y dicen que pueden arreglarla. Cuando se la escucha con la misma frecuencia con la cual el día cambia de color, la tentación trae una vergüenza con un dialecto distinto. Al cristiano AMS que resiste por hábito puede empezar a gastársele el oído, desarmado por la naturaleza agotadora de las tentaciones que no puede evitar escuchar. La vergüenza no reemplaza a la otra voz; trabajan en conjunto. Una más fuerte que la otra, según la identidad que el cristiano AMS empiece a permitir que cubra su gozo.

La vergüenza quiere que creamos que su evaluación de nosotros es acertada. Que estamos demasiado maltrechos como para ser hechos nuevos. Demasiado sucios como para que nos limpien. Demasiado propensos al pecado como para que el perdón importe. Quiere que creamos que en todos los frutos de la gran salvación que hemos llegado a dar, la tentación de aún *desear* a nuestras exparejas homosexuales o de sentir lo que se siente ser amado por alguien del mismo sexo significa que somos pecadores sin remedio o, peor aún, que sencillamente *todavía somos gays*. Pero solo porque seamos tentados no significa que nosotros *somos* nuestras tentaciones.

Somos aquello que la cruz declaró que fuéramos: perdonados. Las tentaciones pueden tener voz, pero el Dios vivo también la tiene. La Escritura —inspirada por Dios y eternamente provechosa— tiene la última palabra sobre la identidad del santo.

¿No saben que los malvados no heredarán el reino de Dios? ¡No se dejen engañar! Ni los fornicarios, ni los idólatras, ni los adúlteros, ni los sodomitas, ni los pervertidos sexuales, ni los ladrones, ni los avaros, ni los borrachos, ni los calumniadores, ni los estafadores heredarán el reino de Dios. Y eso eran algunos de ustedes. Pero ya han sido lavados, ya han sido santificados, ya han sido justificados en el nombre del Señor Jesucristo y por el Espíritu de nuestro Dios. (1 Cor. 6:9-11)

Por lo tanto, si alguno está en Cristo, es una nueva creación. ¡Lo viejo ha pasado, ha llegado ya lo nuevo! (2 Cor. 5:17)

Pero ahora que han sido liberados del pecado y se han puesto al servicio de Dios, cosechan la santidad que conduce a la vida eterna. (Rom. 6:22)

… En amor nos predestinó para ser adoptados como hijos suyos por medio de Jesucristo, según el buen propósito de su voluntad, para alabanza de su gloriosa gracia, que nos concedió en su Amado. (Ef. 1:4-6)

Porque somos hechura de Dios, creados en Cristo Jesús para buenas obras, las cuales Dios dispuso de antemano a fin de que las pongamos en práctica. (Ef. 2:10)

¿Quién condenará? Cristo Jesús es el que murió, e incluso resucitó, y está a la derecha de Dios e intercede por nosotros. (Rom. 8:34)

Mis queridos hijos, les escribo estas cosas para que no pequen. Pero, si alguno peca, tenemos ante el Padre a un intercesor, a Jesucristo, el Justo. (1 Jn. 2:1)

Por lo tanto, ya no hay ninguna condenación para los que están unidos a Cristo Jesús. (Rom. 8:1)

Mas a cuantos lo recibieron, a los que creen en su nombre, les dio el derecho de ser hijos de Dios. Estos no nacen de la sangre, ni por deseos naturales, ni por voluntad humana, sino que nacen de Dios. (Juan 1:12-13)

En consecuencia, ya que hemos sido justificados mediante la fe, tenemos paz con Dios por medio de nuestro Señor Jesucristo. También por medio de él, y mediante la fe, tenemos acceso a esta gracia en la cual nos mantenemos firmes. Así que nos regocijamos en la esperanza de alcanzar la gloria de Dios. (Rom. 5:1-2)

Sin embargo, en todo esto somos más que vencedores por medio de aquel que nos amó. Pues estoy convencido de que ni la muerte ni la vida, ni los ángeles ni los demonios, ni lo presente ni lo por venir, ni los poderes, ni lo alto ni lo profundo, ni cosa alguna en toda la creación podrá apartarnos del amor que Dios nos ha manifestado en Cristo Jesús nuestro Señor. (Rom. 8:37-39)

3. La identidad de la iglesia | No estás solo.

Ser un cristiano AMS puede *parecerse* a un camino muy solitario. Pones un pie delante del otro, sin el eco de otro par de piernas que compartan el sonido del movimiento. Está el temor a que te malinterpreten, te juzguen, no te amen o no te acepten por completo. Cuando estás en una habitación llena de creyentes, el pasado es una letra escarlata entre los ojos, y el aislamiento que uno imagina que está más presente que los cuerpos desalienta al cristiano y lo lleva a suponer que está solo. La soledad parece ser su identidad destinada. Otros llegan a la conclusión de que pueden prosperar en la fe cristiana sin la presencia de otros cristianos. De que pueden ser un soldado solitario en la batalla contra el pecado, el diablo y la carne; y superados en número sin saberlo, no saben que ninguna guerra se ha ganado jamás solo. Tampoco tienen la sabiduría para entender que la santificación es tan comunitaria como la Cena del Señor. No estás solo.

Tanto el cristiano aislado como el cristiano que aísla son parte de una familia, un cuerpo, un organismo de seres humanos con distintos pecados y el mismo Salvador. Incluso si muchos cristianos no pueden entender la lucha específica de la AMS, todos los cristianos pueden entender la lucha general contra el pecado. Este es el cuerpo del cual Dios nos ha hecho parte a todos, para santificar a los santos, prepararlos para el ministerio y revelarles a Dios de maneras más profundas. Tanto antes como ahora, es cierto que el hombre no fue creado para estar solo. Y por gracia de Dios, no lo estamos ni jamás lo estaremos.

> *Por lo tanto, ustedes ya no son extraños ni extranjeros, sino conciudadanos de los santos y miembros de la familia de Dios, edificados sobre el fundamento de los apóstoles y los profetas, siendo Cristo Jesús mismo la piedra angular. En él todo el edificio, bien armado, se va levantando para llegar a ser un templo santo en el Señor. En él también ustedes son edificados juntamente para ser morada de Dios por su Espíritu. (Ef. 2:19-22)*
>
> *Pero ustedes son linaje escogido, real sacerdocio, nación santa, pueblo que pertenece a Dios, para que proclamen las obras maravillosas de aquel que los llamó de las tinieblas a su luz admirable. (1 Ped. 2:9)*
>
> *Sin dirección, la nación fracasa; el éxito depende de los muchos consejeros. (Prov. 11:14)*
>
> *Más bien, mientras dure ese «hoy», anímense unos a otros cada día, para que ninguno de ustedes se endurezca por el engaño del pecado. (Heb. 3:13)*

Preocupémonos los unos por los otros, a fin de estimularnos al amor y a las buenas obras. No dejemos de congregarnos, como acostumbran hacerlo algunos, sino animémonos unos a otros, y con mayor razón ahora que vemos que aquel día se acerca. (Heb. 10:24-25)

Más bien, al vivir la verdad con amor, creceremos hasta ser en todo como aquel que es la cabeza, es decir, Cristo. Por su acción todo el cuerpo crece y se edifica en amor, sostenido y ajustado por todos los ligamentos, según la actividad propia de cada miembro. (Ef. 4:15-16)

Si uno de los miembros sufre, los demás comparten su sufrimiento; y, si uno de ellos recibe honor, los demás se alegran con él. (1 Cor. 12:26)

Después de esto miré, y apareció una multitud tomada de todas las naciones, tribus, pueblos y lenguas; era tan grande que nadie podía contarla. Estaban de pie delante del trono y del Cordero, vestidos de túnicas blancas y con ramas de palma en la mano. Gritaban a gran voz: «¡La salvación viene de nuestro Dios, que está sentado en el trono, y del Cordero!». (Apoc. 7:9-10)

4. La identidad de Dios | Dios es mejor de lo que puedes imaginar.

La raíz de todo pecado es no creerle a Dios. La caída empezó cuando Adán y Eva dudaron de lo que Dios decía sobre sí mismo. La identidad que le atribuimos a Dios, según la duda o la fe en Su Escritura, es la que determinará la identidad que nos atribuimos a nosotros mismos y, en última instancia, la vida que inevitablemente vivimos. Si Él es el Creador, entonces nosotros somos creados. Si Él es el Amo, entonces nosotros somos siervos. Si Él es el amor, entonces nosotros somos amados. Si Él es omnipotente, entonces nosotros no somos tan poderosos como pensamos. Si Él es omnisciente, entonces no hay dónde esconderse. Si Él no puede mentir, entonces Sus promesas son todas ciertas. La fe en las verdades del carácter de Dios es la que tiene el poder para revolucionar por completo la manera en que vivimos nuestra vida. No solo eso, hay muchísimo gozo para disfrutar en la tierra porque hay más gloria en Dios de la que podemos imaginar.

Él es mucho más grande que lo más grande que podamos imaginar, y mucho más glorioso que lo más glorioso que los ojos puedan contemplar. Al saber esto, Él se transforma en el objetivo de todo lo que hacemos. Porque si Dios es más grande de lo que podemos imaginar, estamos perdiendo el tiempo yendo en pos de algo o de alguien menor que Él. Y como sabemos que Él es nuestro todo en todo, en nuestras tentaciones, nuestras pruebas y nuestras victorias, debemos apoyar nuestra identidad suprema no en lo que somos, sino en lo que sabemos que Dios es.

> *¿Acaso no lo sabes? ¿Acaso no te has enterado? El Señor es el Dios eterno, creador de los confines de la tierra. No se cansa ni se fatiga, y su inteligencia es insondable. Él fortalece al cansado y acrecienta las fuerzas del débil. Aun los jóvenes se cansan, se fatigan, y los muchachos tropiezan y caen; pero los que confían en el Señor renovarán sus fuerzas; volarán como las águilas: correrán y no se fatigarán, caminarán y no se cansarán. (Isa. 40:28-31)*
>
> *El Señor es clemente y compasivo, lento para la ira y grande en amor. El Señor es bueno con todos; él se compadece de toda su creación. (Sal. 145:8-9)*
>
> *Me has dado a conocer la senda de la vida; me llenarás de alegría en tu presencia, y de dicha eterna a tu derecha. (Sal. 16:11)*
>
> *Si alguien ha de gloriarse, que se gloríe de conocerme y de comprender que yo soy el Señor, que actúo en la tierra con amor, con derecho y justicia, pues es lo que a mí me agrada —afirma el Señor—. (Jer. 9:24)*

¿Con quién compararán a Dios? ¿Con qué imagen lo representarán? (Isa. 40:18)

El año de la muerte del rey Uzías, vi al Señor excelso y sublime, sentado en un trono; las orlas de su manto llenaban el templo. Por encima de él había serafines, cada uno de los cuales tenía seis alas: con dos de ellas se cubrían el rostro, con dos se cubrían los pies, y con dos volaban. Y se decían el uno al otro: «Santo, santo, santo es el Señor Todopoderoso; toda la tierra está llena de su gloria». (Isa. 6:1-3)

La mano del Señor no es corta para salvar, ni es sordo su oído para oír. (Isa. 59:1)

… Entonces se levantó y reprendió a los vientos y a las olas, y todo quedó completamente tranquilo. Los discípulos no salían de su asombro, y decían: «¿Qué clase de hombre es este, que hasta los vientos y las olas le obedecen?». (Mat. 8:26-27)

Él mismo, en su cuerpo, llevó al madero nuestros pecados, para que muramos al pecado y vivamos para la justicia. Por sus heridas ustedes han sido sanados. (1 Ped. 2:24)

Nosotros amamos porque él nos amó primero. (1 Jn. 4:19)

Él es la imagen del Dios invisible, el primogénito de toda creación, porque por medio de él fueron creadas todas las cosas en el cielo y en la tierra, visibles e invisibles, sean tronos, poderes, principados o autoridades: todo ha sido creado por medio de él y para él. Él es anterior a todas las cosas, que por medio de él forman un todo coherente. Él es la cabeza del cuerpo, que es la iglesia. Él es el principio, el primogénito de la resurrección, para ser en todo el primero. Porque a Dios le agradó habitar en él con toda su plenitud y, por medio de él, reconciliar consigo todas las cosas, tanto las que están en la tierra como las que están en el cielo, haciendo la paz mediante la sangre que derramó en la cruz. (Col. 1:15-20)

Y, al manifestarse como hombre, se humilló a sí mismo y se hizo obediente hasta la muerte, ¡y muerte de cruz! Por eso Dios lo exaltó hasta lo sumo y le otorgó el nombre que está sobre todo nombre, para que ante el nombre de Jesús se doble toda rodilla en el cielo y en la tierra y debajo de la tierra, y toda lengua confiese que Jesucristo es el Señor, para gloria de Dios Padre. (Fil. 2:8-11)

¡Al único Dios, nuestro Salvador, que puede guardarlos para que no caigan, y establecerlos sin tacha y con gran alegría ante su gloriosa presencia, sea la gloria,

> *la majestad, el dominio y la autoridad, por medio de Jesucristo nuestro Señor, antes de todos los siglos, ahora y para siempre! Amén. (Jud. 24-25)*
>
> *El que estaba sentado en el trono dijo: «¡Yo hago nuevas todas las cosas!» Y añadió: «Escribe, porque estas palabras son verdaderas y dignas de confianza». También me dijo: «Ya todo está hecho. Yo soy el Alfa y la Omega, el Principio y el Fin. Al que tenga sed le daré a beber gratuitamente de la fuente del agua de la vida. (Apoc. 21:5-6)*

Tanto los creyentes más nuevos como los más antiguos que salen de la comunidad LGBT deberían tener la *expectativa* de que experimentarán la tentación de identificarse como algo diferente a lo que la Escritura ha declarado como verdadero. Ya sea que se trate de la identidad del pecado, la identidad del santo, la identidad de la iglesia o la identidad de Dios, hay un enemigo real que se deleita en nuestra duda. Pero el arma más poderosa que tenemos contra él e incluso contra nuestra propia carne es la fe en la Palabra de Dios. Al confiar en que ella tiene la última palabra, podemos permanecer fuertes incluso cuando somos débiles.

Cobra ánimo.

> Por último, fortalézcanse con el gran poder del Señor. Pónganse toda la armadura de Dios para

que puedan hacer frente a las artimañas del diablo. Porque nuestra lucha no es contra seres humanos, sino contra poderes, contra autoridades, contra potestades que dominan este mundo de tinieblas, contra fuerzas espirituales malignas en las regiones celestiales. Por lo tanto, pónganse toda la armadura de Dios, para que cuando llegue el día malo puedan resistir hasta el fin con firmeza. Manténganse firmes, ceñidos con el cinturón de la verdad, protegidos por la coraza de justicia, y calzados con la disposición de proclamar el evangelio de la paz. Además de todo esto, tomen el escudo de la fe, con el cual pueden apagar todas las flechas encendidas del maligno. Tomen el casco de la salvación y la espada del Espíritu, que es la palabra de Dios. Oren en el Espíritu en todo momento, con peticiones y ruegos. Manténganse alerta y perseveren en oración por todos los santos. (Ef. 6:10-18)

CAPÍTULO 16

La atracción por personas del mismo sexo y la resistencia

LA RESISTENCIA, POR ALGUNA extraña razón, es una palabra poco común, incluso en conversaciones centradas en el tema de la atracción por personas del mismo sexo. Tal vez en una cultura donde se prefiere «rápido» a «esperar», y «fácil» antes que «difícil», es de esperar que un debate respecto a soportar una tentación poderosa, a veces implacable, con la atracción por personas del mismo sexo sería algo solo ocasional. Por extraño que pueda parecerles a algunos, la resistencia es algo intrínseco a la experiencia cristiana, y si no la usamos como un arma de fe, no podremos perseverar como cristianos (Mat. 24:13).

He tenido incontables conversaciones con personas atraídas a otras del mismo sexo, las cuales están intentando adherir a una ética sexual bíblica o lo han intentado. Atribuladas y con la mirada cansada, se acercan a mí con la cabeza casi inclinada para recibirme a su frustración. A la larga, confiesan la razón de su confusión: «Es tan difícil», dicen. Y la frase queda sin ninguna otra explicación. La dificultad de intentar resistir la AMS suele llevar a algunos a un ciclo depresivo de autocondenación y desaliento. En el caso de otros, puede llevarlos lejos de la fe a la cual una vez quisieron anclarse por completo.

Siempre me he preguntado si, cuando se volvieron discípulos, o cuando pensaron que lo eran, sabían que seguir a Jesús no solo significaba vida eterna sino también una vida crucificada. Las crucifixiones no solo eran atroces sino también lentas. Una muerte que llevaba más de un atardecer. Que te crucificaran sin duda significaba que la muerte llegaría, pero su llegada dependía de una espera sangrienta. Quizás la desconexión de esta comprensión histórica de la crucifixión, según se relaciona con el tiempo y no solo con el dolor, pueda ser la razón de nuestro entendimiento parcial de las palabras de Jesús en Lucas 9:23: «Si alguien quiere ser mi discípulo, que se niegue a sí mismo, lleve su cruz cada día y me siga». Sabemos que este versículo habla de morir a uno mismo, pero ¿cuántas veces lo hemos considerado como la clase de muerte paciente, cotidiana y extendida que viene al llevar la cruz? ¿Cuántas veces pensamos en que, una vez que esté clavada a nuestra espalda, de ninguna manera significará que el pecado al cual morimos hoy no regrese mañana para que tengamos que matarlo una y otra vez hasta que, después de una época o de toda una vida, descubramos que por fin ha muerto? La vida crucificada es la vida decidida a resistir hasta la muerte cuando, de una vez por todas, la cruz sea reemplazada por una corona.

Para el cristiano AMS, Jesús modeló la obra difícil (pero posible) de resistir para la gloria de Dios, cuando el cuerpo preferiría retroceder. En Mateo 26, lo encontramos dirigiéndose hacia Getsemaní. Acababa de cenar con Sus discípulos y después los llevó a uno de Sus lugares preferidos a orar. Porque había llegado el momento de que hiciera lo que había venido a hacer: morir.

El plan era hablar con el Dios cuya voz conocía desde antes de que el cielo lo escuchara dividir el día de la noche. El sol se había puesto, sus barrigas estaban llenas de cordero de Pascua, pan y vino, el cuerpo fatigado de caminar... estaban cansados, pero Jesús les manda que hagan otra cosa que descansar. Les manda que vigilen. El sueño, aunque algo natural, no era lo que necesitaban. Mantener los ojos abiertos y despiertos a las tentaciones del camino era lo que el momento exigía.

A pocos pasos de donde ellos estaban, el cuerpo de Jesús habló antes que Él. Aterrizó de cara al suelo, respirando la hierba, de nuevo arriba y bajo las estrellas, bañado de luz de luna y de toda clase de angustias... la postura de alguien demasiado desesperado como para mantenerse en pie. Postrado, le habló a Dios por Su nombre, y le pidió lo que nadie más que Él podía conceder: «Padre mío, si es posible, que pase de mí esta copa» (Mat. 26:39, LBLA). La copa era un símbolo, una imagen, una metáfora de la ira de Dios. Era otra clase de tierra que anega, con un arca distante. Un recuerdo del fuego y azufre del cielo, destinado a caer sobre un Hijo en lugar de Sodoma esta vez. Un desierto de 40 años reducido y embutido en una noche intranquila, donde el Hijo no hallaría ningún sábat. Esta copa tenía algo que Jesús nunca había probado. Tan solo había conocido el placer de Dios en Él y el amor de Dios por Él (Mat. 3:17; Juan 5:20). La agonía de la cruz de la cual deseaba escapar, si fuera posible, no era principalmente el dolor físico que sufriría, sino la experiencia de ser un enemigo de Su Padre, debido al pecado que acarrearía a nuestro favor. Y, si fuera posible, no quería hacerlo, al menos de *esta* manera.

No hay ninguna otra forma de agradar a Dios más que obedecer por fe. La obediencia para aquellos que sienten AMS es algo aterrador, porque implica negarle al cuerpo algo que resulta tan natural como sonreír. La AMS no suele ser producto de la imaginación ni de alguna maquinación. Es un afecto real experimentado por gente real. Así que, cuando se les manda a no actuar según estos afectos, aun cuando estos laten por el cuerpo con la suficiente fuerza como para emitir sonido, hace falta un compromiso sobrenatural a negarse a uno mismo. Muchos aceptan el desafío con renuencia pero dispuestos, hasta que se dan cuenta de que no es tarea fácil.

Pero en general, van subiendo hasta una serie constante de tentaciones que regresa con la misma rapidez con que se la mató. La frustración y el desánimo llevan a algunos a considerar la incredulidad y todo lo que tiene para decir sobre lo que deben hacer. La incredulidad, al igual que Satanás, siempre toma el camino más fácil. Nos dice que comamos el fruto a cambio de conocimiento, en vez de temer a Dios para obtener la verdadera sabiduría. La incredulidad desintegra nuestra percepción del sufrimiento y de la bendición de la vida y nos llama a evitar a toda costa la autonegación, con la falsa promesa de una comodidad, que no puede ir más allá de la tumba. Y en el caso de tantos otros, la incredulidad los ha convencido de que pueden servir tanto a Dios como a la homosexualidad. Tanto a Dios como a la carne. Tanto al pecado como al Salvador. Pero sabemos que esto es imposible. «Ninguno que haya nacido de Dios practica el pecado, porque la semilla de Dios permanece en él; no puede practicar el pecado, porque ha nacido de Dios» (1 Jn. 3:9). El cristiano que lidia con la AMS nunca debería buscar otra manera de obedecer a Dios que esté fuera de Su voluntad. Porque sabemos que, así como fue Su voluntad que Jesús fuera crucificado, también es Su voluntad que nos abstengamos de toda forma de sexualidad que no esté de acuerdo con Sus Escrituras. «La voluntad de Dios es que sean santificados; que se aparten de la inmoralidad sexual» (1 Tes. 4:3).

Si hubiese habido alguna otra manera de obedecer la voluntad de Dios, Jesús habría elegido esa opción, pero era la ÚNICA manera. Y Él estaba absolutamente comprometido con ella. Con la cabeza aún inclinada hacia la tierra, le dijo al Padre: «Pero no sea lo que yo quiero, sino lo que quieres tú». Tres veces, Jesús le pidió al Padre si podía pasar de Él la copa. Y, como si el silencio fuera algo interesante, eso fue lo que Jesús escuchó como respuesta. Ni el viento que lo envolvía le concedió una porción de la mente de Dios, ni el monte donde estaba sacudió los cielos para dejar oír una voz conocida. En medio de toda Su agonía, Dios no dijo nada.

Alguien podría preguntarse si, al decidir no hablar, al menos Dios decidió actuar. Y lo hizo. Envió un ángel del cielo. Pero el ángel no fue enviado por las razones triviales que todos esperaríamos de parte de otros padres que pueden estar más comprometidos con la comodidad de su hijo que con la gloria del nombre de Dios. El ángel que Dios envió no llegó a recoger al deprimido Hijo de Dios y llevarlo de regreso al cielo antes de la cruz. Si hubiera sido necesario, un ángel podría haber venido con cientos de miles más para encontrar y exterminar a los enemigos de Jesús. Por supuesto, esto al menos habría hecho que el largo camino hasta el Calvario fuera más fácil para el Cristo, pero no estaba en los planes de Dios. Si tan solo el ángel hubiera venido a librar a Jesús de todo temor, ansiedad, dolor, angustia, dificultad, tentación y cualquier otra cosa que Su cuerpo tuviera que soportar; pero el Padre hizo algo completamente distinto de entregar a Su Hijo a la comodidad.

No permitió que Jesús se saltara la adversidad de la obediencia y envió el ángel simplemente para fortalecer al Hijo para que pudiera resistir.

Si Jesús necesitaba la fortaleza para resistir y ser obediente a Su Padre, ¿cuánto más nosotros? Incluso el escritor de Hebreos entendía la necesidad del creyente de perseverar cuando escribió: «Así que no pierdan la confianza, porque esta será grandemente recompensada. Ustedes necesitan perseverar para que, después de haber cumplido la voluntad de Dios, reciban lo que él ha prometido» (Hebreos 10:35-36). La realidad es que ser cristiano y tener que negarse a la AMS es difícil (como poco), pero tal como el Padre envió a un ángel para fortalecer al Hijo, nos ha enviado a nosotros a alguien mucho mejor: al Espíritu Santo. Cuando somos guiados por el Espíritu y miramos a Jesús en lugar de al desánimo (o las mentiras o la condenación), podemos hacer lo que al Padre le agrada. Recibir la fortaleza para resistir y el poder para obedecer no hace que la obediencia sea fácil, pero la hace posible.

En todo esto, hay algo para decir sobre el amor. Si el huerto de Getsemaní hubiera contado otra historia, algo como una forma inversa de este relato conocido del evangelio, me imagino que estiraría a Jesús hasta volverlo alguien más humano que santo. Imaginemos que, después de la cena de la Pascua con Sus discípulos, Jesús llega al huerto a orar. En vez de sentir un peso en el cuerpo lo suficientemente ponderoso como para necesitar a Dios, se queda quieto. Quieto con indiferencia a las nubes llameantes que se acercan a apagar Su propia luz de la tierra. Habla con el Padre como había pensado, pero no le cae ni una gota de sangre de la cabeza. Ora como toda persona sin dolor lo haría. Nada de peticiones. Nada de agonía. Nada de depresión. Nada de ruego profundo y desde el alma a Dios para que deje pasar la copa. Esta copa que sabe que se derramará sobre Él, con toda su ira, acumulada y lista para volcarse. Sin embargo, no hay señal de que desee escapar de lo que se derramará. Ni siquiera se sabe si entiende bien lo terrible que será. Está tranquilo. Como si la crucifixión fuera tan solo un día más.

Si esta fuera la versión de Jesús que leyéramos, ¿qué expresaría sobre el amor; es decir, Su amor a Dios? Diría que Jesús quizás no amaba tanto a Dios como pensábamos. Si cerca de la hora de experimentar la plena venganza de Dios en lugar del dulce amor en el cual siempre había permanecido, Jesús hubiera abordado la situación con indiferencia, la única conclusión a la que podríamos llegar es que no le importaba *demasiado* que se interrumpiera Su intimidad con el Padre. Pero la historia es que a Jesús *sí* le importó. Le importó al punto de la absoluta aflicción, la cual sacudió la sangre de Su cuerpo y las peticiones de Su corazón. La gran agonía que vemos en Jesús mientras resistía es la que nos revela Su amor inimaginable por Su Padre. Prefería que la copa pasara de Él antes de no poder permanecer en este amor.

El gran contraste entre nosotros y Jesús es el siguiente: Jesús estaba angustiado ante la posibilidad de experimentar la desaprobación de Dios, pero la mayoría de nosotros, si no todos, nos angustiamos ante la posibilidad de no experimentar los placeres del pecado.

Jesús no resistió porque fuera fuerte; lo más probable era que estuviera en uno de los puntos más débiles de Su humanidad; pero resistió porque amaba a Su Dios. Por lo tanto, estaba plenamente comprometido con hacer la voluntad de Dios, sin importar el costo. Este amor es lo que nos ayudará a perseverar: un amor que considera que amar a Dios es el mayor placer del cuerpo.

Incluso en las lágrimas, el dolor y la dificultad, seguimos luchando porque sabemos que estar dentro de Su voluntad es infinitamente mejor que estar por nuestra cuenta. Y tal como Jesús, resistimos porque sabemos que el gozo siempre nos espera al otro lado de la obediencia. Así que lo miramos a Él, «el iniciador y perfeccionador de nuestra fe, quien, por el gozo que le esperaba, soportó la cruz, menospreciando la vergüenza que ella significaba, y ahora está sentado a la derecha del trono de Dios» (Heb. 12:2).

CAPÍTULO 17

La atracción por personas del mismo sexo y el evangelio heterosexual

DIOS NO ESTÁ LLAMANDO a las personas gays a ser heterosexuales.

Esto es lo que parece si escuchamos la manera en la cual los cristianos intentan animar a las personas que sienten AMS dentro o fuera de sus iglesias locales. Ostentan la posibilidad del matrimonio heterosexual delante de ellos, y la señalan como si fuera el cielo en la tierra, algo a lo cual aferrarse y con lo cual llenarse. Y aunque suele ser bienintencionado, es sumamente peligroso. ¿Por qué? Porque hace más énfasis en el matrimonio como el objetivo de la vida cristiana que en conocer a Jesús. Tal como el objetivo de Dios en mi salvación no era meramente la eliminación de los deseos por personas del mismo sexo, en la santificación, no siempre es Su objetivo que haya un matrimonio o que se experimente atracción por el sexo opuesto.

El «evangelio heterosexual» es el que alienta a los hombres y mujeres con AMS a acercarse a Jesús para que *puedan* ser heterosexuales, o el que enseña que acudir a Jesús garantiza que *sentirán* una atracción sexual al sexo opuesto. La manera en la cual se predica este «evangelio» es más sutil de lo que he dicho hasta aquí. En general, se expresa de una manera similar a esta: «Sé que estás luchando con la homosexualidad. Te prometo que, si le entregas tu vida a Jesús, Él te librará por completo de esos deseos, porque te ama», o «Conozco a un muchacho que solía ser gay y ahora está casado. Jesús hará lo mismo por ti si confías en Él». Sin duda, Dios puede librar completamente a alguien de la atracción al mismo sexo, y puede tomar a un hombre o una mujer con AMS y transformarlo en un cónyuge de alguien del sexo opuesto (evidentemente, yo soy testigo de esto), pero la Escritura no promete de manera explícita que esto será un regalo definitivo de ser reconciliados con Dios, ni una bendición heredada e inmediata a la regeneración. Con la esperanza de alentar a personas con AMS y a aquellos que quieren amarlos bien, aquí tienes cuatro razones para evitar el evangelio heterosexual:

1. **Somos más que nuestra sexualidad.**

> *Y Dios creó al ser humano a su imagen; lo creó a imagen de Dios. Hombre y mujer los creó. (Gén. 1:27)*

Somos mucho más complejos de lo que entendemos. Fuimos hechos distintos del resto de la creación. Fuimos creados con una mente que se dobla según dónde aterrizan los ojos. Al mirar a tu alrededor, puedes ver una amplia gama de sentimientos. Somos seres intelectuales, emocionales y espirituales. Poseemos la capacidad para el gozo, la tristeza, el orgullo, la humildad, el terror y la seguridad, y todas estas cosas funcionan juntas con nuestra alma humana. Por eso, limitar nuestra individualidad a la sexualidad es una manera estrecha de describir cómo Dios nos creó. Como fuimos hechos a imagen de Dios, fuimos creados para amarlo, no por un instinto animal sino con nuestra voluntad humana, la cual supone el corazón, la mente y el alma. Cuando no amamos a Dios con todo nuestro ser, el pecado queda expuesto en nuestra manera de hablar, de crear y de pensar; en lo que hacemos con nuestro cuerpo y en cómo tratamos a los demás; en lo que escogemos que nuestros oídos escuchen y que nuestros ojos vean, etc. Por lo tanto, nuestra sexualidad puede ser una *parte* de lo que somos, pero no es *todo*. Los humanos son más que la persona a la cual se sienten atraídos sexualmente.

Dios es trino, y es mucho más grande de lo que nuestra mente es capaz de entender. Es un Dios en tres personas —Padre, Hijo y Espíritu Santo—, cada una con la capacidad de sentir, actuar y escuchar de maneras unidas y distinguibles la una de la otra. Si este es el caso, ¿no sería razonable que aquellos creados a Su imagen sean similarmente diversos y complejos? Si Él creó a *toda* la persona, entonces puedes estar seguro de que desea salvar y satisfacer a *toda* la persona consigo mismo.

Lo que se podría inferir de aquellos que predican el «evangelio heterosexual» es que nuestra sexualidad es lo único que le importa a Dios. Estoy convencida de que esta manera de pensar ha evitado que muchos hombres y mujeres con AMS experimenten la belleza del verdadero arrepentimiento.

Me di cuenta de esto mientras interactuaba un día con una jovencita a la cual le ofendió mi testimonio de superar la homosexualidad. Después de recibir algunos ataques personales y palabras groseras, le hice esta pregunta: «Supongamos que la homosexualidad no fuera un problema para ti. ¿A Dios le agradaría tu vida en general?». El ángulo de mi pregunta la tomó desprevenida, y me contestó: «No. No le agradaría». Le hice esa pregunta específica porque necesitaba que entendiera que Dios tenía más en mente que sus acciones sexuales cuando le mandó (y a todos nosotros) que se arrepintiera y creyera en el evangelio de Jesucristo. Si somos tan complejos como Él nos creó, entonces sin duda somos mucho más pecaminosos de lo que podemos imaginar. Y por esa razón, cuando Dios viene a restaurar, debe hacerlo por completo.

Dios no llama al incrédulo con AMS principalmente a ser heterosexual; lo llama a acercarse a Él. A conocer a Cristo, amar a Cristo, servir a Cristo, honrar a Cristo y exaltar a Cristo, para siempre. Cuando Él es el objetivo de su arrepentimiento y el objeto de su fe, la persona queda a cuentas con Dios el Padre y recibe el poder del Espíritu Santo para negar *todo* pecado, sexual o de cualquier otra clase. Alguien que intente practicar la heterosexualidad y no la santidad está tan lejos de la justicia delante de Dios como alguien que practica activamente la homosexualidad. Es más, cuando un cristiano AMS busca la heterosexualidad como objetivo en lugar de Cristo, terminará reemplazando un ídolo por otro. Al permanecer en Él y caminar en la santidad que nadie puede ver sin el Señor (Heb. 12:14), los cristianos AMS, aunque todavía tengan tentaciones respecto a personas del mismo sexo, pueden elegir a Dios por encima de su antigua identidad sexual. Su identidad como portadores de imagen, y no sus impulsos sexuales, es el identificador fundamental sobre el que muchas personas con AMS necesitan con desesperación escuchar desde los púlpitos y los bancos de la iglesia. Si la sexualidad fuera nuestra identidad fundamental, eso transformaría a la sexualidad en nuestro llamado fundamental. Pero no fuimos hechos principalmente para el sexo; fuimos hechos solo para Dios y Su gloria (Col. 1:16).

2. El matrimonio no es el pináculo de la vida cristiana.

Después oí voces como el rumor de una inmensa multitud, como el estruendo de una catarata y como el retumbar de potentes truenos, que exclamaban:

> *«¡Aleluya! Ya ha comenzado a reinar el Señor, nuestro Dios Todopoderoso. ¡Alegrémonos y regocijémonos y démosle gloria! Ya ha llegado el día de las bodas del Cordero. Su novia se ha preparado, y se le ha concedido vestirse de lino fino, limpio y resplandeciente». (El lino fino representa las acciones justas de los santos). El ángel me dijo: «Escribe: "¡Dichosos los que han sido convidados a la cena de las bodas del Cordero!"». Y añadió: «Estas son las palabras verdaderas de Dios». (Apoc. 19:6-9)*

El matrimonio es algo glorioso. Ese fue el diseño original: un plan misterioso de Dios que señala al evangelio (Ef. 5). Un hombre, una mujer, dos personas distintas que, bajo Dios, son hechas una sola carne. Estos dos cuerpos contrastantes comparten su tiempo, sus pensamientos, su morada, su cama y, por más voluble que sea, también comparten su amor. Lo reparten en porciones, a medida que la obediencia y la confianza se lo van arrebatando al corazón para poder entregarlo. Hizo falta que transcurriera todo el Antiguo Testamento antes de que este misterio pudiera explicársele al mundo. Después de que Jesús viniera, muriera, resucitara y enviara al Espíritu Santo a guardarnos, se nos dijo cómo esto del matrimonio era más de lo que alguna vez imaginamos. Que tenía más que ver con Dios que con cualquier otra cosa. Que era una parábola viva de Cristo y de Su Iglesia. Cristo como Dios en carne. Su Iglesia como Sus ovejas que un día escuchamos

Su voz y seguimos a nuestro Pastor hacia la vida. Si el mundo necesitaba una imagen deslucida de cómo Cristo amaba a la Iglesia, lo único que tenía que hacer era mirar a un hombre amar y guiar a su esposa durante la cena. La sumisión, modelada por la Iglesia en su sumisión a Cristo, podía verse cuando una esposa amaba a Dios lo suficiente como para someterse solo a su esposo (Ef. 5). Por más absurdo que parezca, Dios les ha dado a los humanos que han hecho un pacto ante Dios y los hombres la oportunidad de representar el evangelio en sus hogares cada día. El matrimonio verdaderamente es algo glorioso.

Sin embargo, en toda su gloria, no es la gloria suprema. Durante un tiempo, al matrimonio se lo ha considerado de manera idealista; quizás, como a un cielo en miniatura, sin la protección de puertas de oro, al que se entra preferiblemente antes de que la belleza de la mujer empiece a desvanecerse, o cuando el hombre está listo para plantar su simiente. Desde el momento en que una jovencita aprende sobre el amor, se le enseña que su forma más pura es cuando un vestido blanco la lleva hasta el altar. Los dibujos animados y los libros infantiles adoctrinan a las niñas con este ideal, pero no son los únicos que transforman al matrimonio en una utopía. Los cristianos, a veces sin darse cuenta, siguen transformándolo en una parte indebida de su predicación del evangelio a las personas con AMS del mundo (y a los solteros heterosexuales). La promesa exagerada del matrimonio o el énfasis desequilibrado de su lugar en la vida cristiana pueden llevar a las personas con AMS a desorientarse respecto al llamado específico de Dios para *ellas*. El cual, con seguridad, podemos afirmar que es el siguiente: amar a Dios y a los demás (Mat. 22:36-40).

En el caso de algunos, amar a Dios los llevará por el camino de un matrimonio que honre al Señor. En el caso de otros, será una vida de soltería que exalte a Dios. El cristiano AMS que está llamado al matrimonio no es una mayor apología del poder de Dios que el cristiano AMS llamado a la soltería. En ambos, Dios se glorifica.

El libro de Génesis nos presentó el misterio del matrimonio, y Apocalipsis concluye con la consumación de lo que revela el matrimonio. En Apocalipsis, se nos permite vislumbrar lo que sucederá una vez que la iglesia —la esposa de Cristo, los pecadores perdonados, los santos sin mancha— por fin estén en su hogar con el Novio, quien compró su «Sí, acepto» al declarar: «Todo se ha cumplido». Esta es la gloria suprema de la vida cristiana, estar casados con el Rey de la gloria. El matrimonio es glorioso, pero no es *Él*. Aunque muchos han proyectado en el matrimonio lo que solo Dios puede dar, el matrimonio no es Dios. Es una creación divina para la gloria de Dios, para que el mundo pueda ver una imagen del evangelio de Dios. Más allá de la tierra, otro rasgo que distingue al matrimonio del Señor mismo es que no es eterno. Tiene la misma fecha de vencimiento que nuestro aliento, y se transformará en algo que solo se hace en la tierra hasta que esta sea hecha nueva.

Sin embargo, el matrimonio que sí permanecerá es el de Cristo y Su Iglesia. Como dos estrellas inmortales destinadas a arder para siempre, Dios y Su Iglesia siempre estarán casados. Siempre estarán enamorados. Siempre serán uno. Tal es así que la muerte jamás podrá separarlos, porque incluso eso ya no existirá.

Si el matrimonio terrenal no durará eternamente, entonces no podemos predicar un «evangelio» que lo muestre como algo por lo que vale la pena morir. El matrimonio terrenal es momentáneo; el matrimonio de la Iglesia con Cristo es eterno.

3. La soltería no es una maldición.

> *Yo preferiría que estuvieran libres de preocupaciones. El soltero se preocupa de las cosas del Señor y de cómo agradarlo. Pero el casado se preocupa de las cosas de este mundo y de cómo agradar a su esposa; sus intereses están divididos. La mujer no casada, lo mismo que la joven soltera, se preocupa de las cosas del Señor; se afana por consagrarse al Señor tanto en cuerpo como en espíritu. Pero la casada se preocupa de las cosas de este mundo y de cómo agradar a su esposo. Les digo esto por su propio bien, no para ponerles restricciones, sino para que vivan con decoro y plenamente dedicados al Señor. (1 Cor. 7:32-35)*

En el «evangelio heterosexual», la soltería se susurra o directamente se mantiene fuera de la conversación sobre lo que puede venir después de la fe en Cristo. La soltería es ese país que nadie quiere que los demás visiten. Entonces, borran sus fronteras de los mapas, pensando que la posibilidad de descubrirlo tal vez haga que los viajeros con AMS regresen y entren a un continente más oscuro. Sin embargo, un sinnúmero de hombres y mujeres con AMS merecen el privilegio de tener otro pasaporte, de ser necesario.

Tal vez, en un intento de no desanimar a los creyentes AMS, los cristianos se abstengan de mencionar la soltería como la única alternativa adecuada para sus vidas *si* el matrimonio nunca llega. Pero sinceramente, mencionar tan solo el matrimonio y no incluir la soltería es igual de desalentador, si no más, para muchos que lidian con la AMS. Algunos hombres y mujeres con AMS nunca han sabido ni sabrán jamás lo que se siente tener una atracción sexual por alguien del sexo opuesto. Aunque la atracción o el deseo sexual no es el fundamento de un matrimonio heterosexual fructífero, es sin duda un aspecto importante. Para estos hombres y mujeres, estar casados sería más una prueba que un regalo. Pero si no tienen idea de la belleza de la soltería porque nadie se las ha presentado en esos términos, entonces ¿cómo pueden aprender a abrazar esta etapa en la que se encuentran con gozo en lugar de desesperación?

La vida de un soltero tiene muchas bendiciones para descubrir. En esencia, la gloria de tener la atención dedicada exclusivamente a agradar al Señor, y no las mismas preocupaciones que acompañan a los casados y ocupan sus días. Por un tiempo, o de por vida, tienen ojos sin distracciones que pueden estar enfocados en la Escritura, dedicados a la oración, a la adoración y a la comunidad. En el matrimonio, es necesario hacer malabarismo con las prioridades. Una caminata por el parque es como caminar sobre el agua. No quiere decir que la soltería sea fácil, ya que sabemos que el deseo de intimidad sexual persiste, incluso si la persona resiste las tentaciones. Pero no debemos ignorar el poder del evangelio de mantener a los solteros satisfechos, al presentar el matrimonio como algo que suple todas las necesidades. En cambio, reconocemos la realidad de querer la intimidad sexual / relacional al señalar el día en el que todos los deseos encontrarán su satisfacción suprema en Cristo.

> Significa que la soltería, al igual que el matrimonio, tiene una manera única de testificar sobre el evangelio de la gracia. Jesús dijo que no habrá matrimonio en la nueva creación. En ese aspecto, seremos como los ángeles, no nos casaremos ni seremos dados en casamiento (Mat. 22:30). Tendremos la realidad; ya no necesitaremos el poste indicador.
>
> Al prescindir del matrimonio ahora, la soltería es una manera tanto de anticipar esta realidad como de testificar sobre su valor. Es una manera de decir

> que esta realidad futura es tan segura que podemos vivir de acuerdo a ella ahora. Si el matrimonio nos muestra la forma del evangelio, la soltería nos muestra su suficiencia. Es una manera de declararle a un mundo obsesionado con la intimidad sexual y romántica que estas cosas no son lo más importante, y que en Cristo poseemos aquello que sí lo es.[14]
> —Sam Allberry

A medida que se vuelva común animar a los cristianos AMS a ver la soltería como un regalo, nuestras comunidades de iglesias locales necesitarán reevaluar las maneras en las que han fallado a la hora de ser la familia de Dios para todos, casados y solteros, tal como Dios nos ha llamado a ser. El mundo ve la intimidad romántica / sexual como el *único* grado real y profundo de intimidad que pueden experimentar las personas. Por lo tanto, un llamado a la soltería puede interpretarse como un llamado a la soledad. Sabemos que la soledad nunca fue la intención de Dios para los portadores de Su imagen (Gén. 2:18). Él, un Dios trino, es por naturaleza un Dios comunitario, y nos ha creado a todos para que seamos tan comunitarios como Él. El problema es que, para algunos solteros, los sentimientos de

---

[14] https://www.thegospelcoalition.org/article/how-celibacy-can-fulfill-your-sexuality/

soledad son tan tangibles por la falta de la presencia de la comunidad. Para mostrarles a los solteros la profundidad de la intimidad no sexual que puede existir, la iglesia debe demostrarla de manera activa.

> Mientras este sea el caso en la cultura y mientras nuestras iglesias lo reflejen, será muy difícil para cualquier persona soltera sentir que la ética sexual cristiana es posible. Así que debemos garantizar que la familia de la iglesia sea verdaderamente una familia. Jesús promete que «todo el que por mi causa y la del evangelio haya dejado casa, hermanos, hermanas, madre, padre, hijos o terrenos recibirá cien veces más ahora en este tiempo (casas, hermanos, hermanas, madres, hijos y terrenos, aunque con persecuciones); y en la edad venidera, la vida eterna». De la misma manera, toda persona que se haya unido a nuestras iglesias tendría que poder afirmar que ha experimentado un aumento en la intimidad y la comunidad.[15]
> —Christopher Yuan

[15] https://www.9marks.org/article/singleness-same-sex-attraction-and-the-church-a-conversation-with-sam-allberry-rosaria-butterfield-and-christopher-yuan/grea

Aunque el «evangelio heterosexual» tal vez represente la soltería como algo desagradable y digno de evitar, sabemos que incluso nuestro Señor Jesús fue un hombre soltero en la tierra. No le faltaba nada, sino que estaba plenamente vivo en el amor y el poder sustentador de Su Padre. No me cabe duda de que, como nuestro Sumo Sacerdote, no solo puede identificarse con los solteros AMS en sus debilidades generales, sino también en las debilidades específicas que puedan surgir en su soltería (Heb. 4:15-16). Aun en la debilidad, en Él, pueden hallar fortaleza. Aun en la soltería, en Él, pueden hallar plenitud.

4. La evangelización se trata de Dios.

> *Porque ante todo les transmití a ustedes lo que yo mismo recibí: que Cristo murió por nuestros pecados según las Escrituras, que fue sepultado, que resucitó al tercer día según las Escrituras. (1 Cor. 15:3-4)*
>
> *A la verdad, no me avergüenzo del evangelio, pues es poder de Dios para la salvación de todos los que creen… (Rom. 1:16)*
>
> *No nos predicamos a nosotros mismos, sino a Jesucristo como Señor; nosotros no somos más que servidores de ustedes por causa de Jesús. (2 Cor. 4:5)*

Evangelización es una palabra que significa compartir la buena noticia; más específicamente, en este caso, la buena noticia del evangelio. Y esta evangelización se trata de Dios, porque el evangelio se trata de Dios. Dios es el que nos creó. Contra Él es que todos pecamos. Dios es el que nos amó. Dios envió a Su Hijo Cristo a la tierra. Cristo es el que vivió la vida que nosotros no podíamos vivir. Cristo es quien murió la muerte que nosotros merecíamos. Cristo es quien satisfizo la ira de Dios. Cristo es el que resucitó de los muertos. Cristo es el que envió a Su Espíritu Santo. El Espíritu Santo es el que quita el velo de nuestros ojos para que veamos la gloria de Cristo. El Espíritu Santo es el que ablanda nuestro corazón endurecido para que nos arrepintamos. En Cristo es en quien somos llamados a poner nuestra fe. Él es quien nos salva y quien nos da vida eterna.

El problema más alarmante de este «evangelio heterosexual» es que directamente no es evangelio. Sus misioneros llevan al mundo un mensaje que no puede salvar ni liberar. Señala al matrimonio o a una heterosexualidad libre de tentaciones como la razón por la cual arrepentirse o como el fruto del arrepentimiento. La razón para alejarse del pecado *siempre* ha sido que podamos acercarnos a Jesús. No dudo que sea fácil confundir el evangelio heterosexual con el evangelio de Dios, porque muchos han olvidado que el evangelio en realidad se trata de Dios en primer lugar. Cuando la vida cristiana se ha transformado en una práctica de hacer cualquier cosa menos dar a conocer a Jesús, ¿qué se puede esperar de nuestras presentaciones del evangelio? Naturalmente, terminaremos comunicando algo vacío y carente de poder; algo más moral que cualquier cosa y suficiente como para hacer creer a las personas que pueden salvarse mediante y para otro medio que Jesús.

Regresar al llamado fundacional de transformar a Dios en el centro de nuestras iglesias, nuestras conversaciones, nuestras doctrinas y nuestras vidas garantizará que Él no quede fuera de nuestra evangelización. Por cierto, nadie que haya minimizado a Dios en su propia vida estará lo suficientemente enfocado en Él como para transformarlo en una parte importante de su ministerio a otros.

Sencillamente, Cristo vino a restaurar nuestra relación con Dios. Y al hacerlo, nos satisface *en* Dios. Nuestra sexualidad no es nuestra alma, el matrimonio no es el cielo y la soltería no es el infierno. Entonces, que todos podamos predicar la noticia que es buena por una razón. Porque proclama al mundo que Jesús vino para que todos los pecadores —los que se sienten atraídos a personas del mismo sexo y los que se sienten atraídos a personas del sexo opuesto— puedan recibir perdón de sus pecados para amar a Dios y disfrutar de Él para siempre.

Epílogo

Vengan ustedes, temerosos de Dios, escuchen, que voy a contarles todo lo que él ha hecho por mí. (Sal. 66:16)

ME PREGUNTO POR QUÉ habrá dicho esto el salmista. Por qué nos habrá invitado a escuchar algo tan maravilloso como esto. Podría habérselo guardado y habérselo dicho solo a un grupo selecto que sabía que entendería. Algunas historias se guardan, acurrucadas y escondidas de la vista. Se sacan a la luz por la fuerza o la voluntad, pero él escogió contarnos, sin importar lo que eso pudiera hacerle al que decidiera escuchar. Tomó la decisión de no ocultarnos lo que le había sucedido a su alma, porque era demasiado bueno como para guardarlo como el comienzo de una oración. La clase que empieza con «Te alabo porque...» y termina sin sonido. El silencio puede sobrevenirle a la boca cuando la mente recuerda la gracia y lo dulce que es al tacto. Pero, incluso entonces, ese recuerdo en el cual Dios había hecho algo con su alma, algo digno de ser contado, eso es lo que él quería que escucháramos.

Y creo que sé por qué. Este libro que tienes en tus manos es mi manera de hacer lo mismo. Al leerlo, escuchaste lo que Dios hizo por mí. Me amó, me dio vida. Me dio un corazón completamente nuevo, que late con la única razón de amarlo con todo lo que es. Y con este nuevo corazón enamorado de un Dios inalterable, sentí el impulso de *hablar*.

No quería que vinieras y escucharas sobre mí. Yo no soy la que hizo nada *por* mi alma. Tan solo le había hecho cosas *a* ella. Sin embargo, vale la pena contar lo que Dios ha hecho en mi alma porque Él es digno de que lo conozcan. Digno de que lo vean. Digno de que lo escuchen. Digno de amar, confiar y exaltar. Como ya he dicho, mi relato es mi alabanza. Hablarte de lo que Dios ha hecho en mi alma es invitarte a mi adoración.

> Creo que nos deleitamos en alabar lo que disfrutamos porque la alabanza no solo expresa sino también completa el disfrute; es una consumación designada. Los amantes no se dicen constantemente lo hermosos que son por elogiarse; el deleite está incompleto hasta que se expresa. Es frustrante haber descubierto un nuevo autor y no poder decirles a todos lo bueno que es; llegar de repente, al girar por el camino, a algún valle montañoso de belleza inesperada y tener que guardar silencio

> porque las personas que están contigo consideran que es igual de importante que una lata en una zanja; escuchar un buen chiste y no tener nadie con quién compartirlo. [...] El catecismo escocés enseña que el propósito fundamental del hombre es «glorificar a Dios y disfrutar de Él para siempre». Pero entonces sabremos que las dos cosas son lo mismo. Disfrutar plenamente es glorificar. Al mandarnos que lo glorifiquemos, Dios nos invita a disfrutar de Él.[16]

Cuando el salmista nos invitó a acercarnos y oír, nos invitó a disfrutar de la bondad de Dios *junto con* él. Este libro propone lo mismo. Cada palabra, frase y párrafo son una explicación de lo bueno que Dios ha sido conmigo. Pero Su bondad para conmigo no es la excepción. Así es Él. Es Su esencia, lo que siempre ha sido y lo que siempre será. Así que, como es el mismo Dios que hizo algo maravilloso en el alma del salmista, y el mismo Dios que hizo algo igualmente hermoso en la mía, es ahora más que capaz de hacer lo mismo por el alma de toda persona viva.

---

[16] C. S. Lewis, *Reflections on the Psalms* (1958; reimp., San Diego: Harcourt Books, 1986), pp. 95-97.